实证法律研究
高级导论

中国国家留学基金资助

（编号：202206130063）

Advanced Introduction to

Empirical Legal Research

实证法律研究
高级导论

［美］赫伯特·M.克里泽 ｜ 著
（HERBERT M. KRITZER）

谢 欣 ｜ 译

中国政法大学出版社

2023·北京

著作权合同登记号：图字01-2023-2887号

图书在版编目（ＣＩＰ）数据

实证法律研究高级导论/（美）赫伯特·M.克里泽著；谢欣译.—北京：
中国政法大学出版社，2023.6
书名原文：Advanced Introduction to Empirical Legal Research
ISBN 978-7-5764-0931-4

Ⅰ.①实… Ⅱ.①赫… ②谢… Ⅲ.①法律－研究 Ⅳ.①D90

中国国家版本馆CIP数据核字(2023)第104827号

出 版 者	中国政法大学出版社
地 址	北京市海淀区西土城路 25 号
邮寄地址	北京 100088 信箱 8034 分箱　邮编 100088
网 址	http://www.cuplpress.com (网络实名：中国政法大学出版社)
电 话	010-58908289(编辑部) 58908334(邮购部)
承 印	北京中科印刷有限公司
开 本	850mm×1168mm　1/32
印 张	8.25
字 数	170 千字
版 次	2023 年 6 月第 1 版
印 次	2023 年 6 月第 1 次印刷
定 价	49.00 元
声 明	1. 版权所有，侵权必究。
	2. 如有缺页、倒装问题，由出版社负责退换。

中文版序 CHINESE PREFACE

对法律和法律制度的实证研究在学术界和政界都发挥着非常重要的作用。在美国，实证法律研究（ELR）自诞生已有100多年的历史，我个人从事此项研究已有近50年。在过去的25年里，计算机和信息技术的发展使实证法律研究成果产生了巨大增长。直到最近，大多数实证法律研究都是由政治学家、社会学家、心理学家、犯罪学家、人类学家和历史学家进行的，但从近年来实证法律研究所增加的成果来看，反映出越来越多法学院教师也加入了该学术领域。

尽管实证法律研究在美国最为悠久，事实证明许多国家的学者和政策制定者都参与其中。最开始，它通常是贴着"法律社会研究"或"法律社会学"的标签出现的：比较重要的实证法律研究，能在20世纪70年代几个英国皇家委员会的报告中找到。在过去的20年里，来自美国、加拿大、澳大利亚、中国的学者用英文写作并发表的关于法律和法律制度的实证法律研究成果正在快速增加。

我所写的这本书《实证法律研究高级导论》，目的是做三件事：考察实证法律研究的发展史，梳理实证法律研究的方法论，并展示实证法律研究学者所关注的最新趋势。进行实证法律研究的两个主要挑战是收集数据，以及掌握处理和分析这些数据的技能。对于那些想进行实证法律研究的学者来说，能在本书中寻找到包括界定研究问题、数据收集和数据分析的实证法律研究方法，我在对这些内容进行分析与阐述时，强调了在法学领域采用社会科学定量和定性研究方法的特殊性。值得欣慰的一点是，从最近以英文发表的有关中国法律制度的实证研究来看，在中国想要进行实证法律研究的学者似乎已经可以获得越来越多的数据了。

当谢欣向我提出翻译《实证法律研究高级导论》并出版其中文版的提议时，我很高兴，因为我感觉到了中国学者对实证法律研究的兴趣越来越大。本书主要是关于对美国实证法律研究最新趋势的阐述，我希望它不会分散中国学者的学术关注。随着时间的推移，我希望使用这本书的中国学者们能够扩展本土化案例，来进一步填充我所列举的文献。也许在不久的将来，谢欣或中国其他学者无论在方法层面还是在案例研究层面，也能以中国研究作为主要内容撰写一本类似的书。

赫伯特·M.克里泽

于明尼苏达州圣保罗市

2023 年 3 月

前言 PREFACE

爱德华·埃尔加出版社（Edward Elgar Publishing）的
编辑斯蒂芬·哈里斯（Stephen Harries）在 2019 年 5 月联
系到我，希望我能为埃尔加高级导论系列（Elgar's Advanced
Introductions series）写一本关于实证法律研究（Empirical
Legal Research，ELR）的书。他联系我的时机非常巧合，
因为我正准备在 2019 年底前完成我正在进行的研究，但此
时还没有确定我的下一个研究项目是什么。在大约十年前，
我与彼得·凯恩（Peter Cane）共同编辑了《牛津实证法律
研究手册》（*Oxford Handbook of Empirical Legal Research*），
现在，貌似是重新审视手册中包含的一些材料的好时机。

1966 年，我在读大学二年级，从那时起我就开始从事
实证社会科学的研究。20 世纪 70 年代初，我特别关注现在
被大家广泛称呼的"实证法律研究"。这项研究开始于我读
研究生的时候，并在我研究生毕业之后的 10 年里成为我的
研究重点，特别是在我 1977 年加入威斯康星大学麦迪逊分
校政治学系（Department of Political Science at the University
of Wisconsin-Madison）之后。在威斯康星大学，包括过去
与现在，都有一个久远的传统，就是他们将法律与多个学
科联系起来，进行以经验为导向的（empirically oriented）
研究。

在我开始从事实证法律研究的最初十年里，研究在本质上完全是定量的（quantitative），采用的具体方法包括调查、实验、观察以及对各种记录或文件进行编码。到了20世纪80年代，我开始采用定性（qualitative）方法，甚至有些研究完全采用了定性方法。我最开始进行的定性研究采用了访谈法（interviews），是在多伦多进行的，我研究了公司律师与其公司客户之间的关系（Kritzer 1984a）；我后来的一项研究将观察与访谈相结合，对律师事务所进行评估，考察美国最高法院一项与专家证词（expert testimony）有关的重大判决，来评估律师与专家合作的影响（Kritzer 2008）。另外，我还将定性方法与定量方法相结合：其中一项研究考察了风险代理收费法律实践（contingency fee legal practice），该研究采用了调查、对现有数据库进行分析、对律师事务所进行观察和半结构化访谈（semi-structured interviews）等方法（Kritzer 2004b）。即使在决定开始采用定性方法后，我仍然继续开展完全依赖定量分析的研究项目，如司法决策（judicial decision-making）研究（Kritzer 2019；Richards and Kritzer 2002）以及与司法选举（judicial elections）相关的研究（Kritzer 2015，2016b）。

　　30年来，我一直在威斯康星大学担任政治学系教师。在那30年里，教授研究生研究方法占用了我一半的教学精力。我开设了一系列关于统计方法的课程，从基础到高级都有。20世纪80年代末期，我开始设计并教授一门关于定性研究方法的课程，这门课后来成了该系研究方法课程中的核心课。自2007年离开威斯康星大学后，我开始担任法律系的教

viii

师，先是在威廉·米切尔法学院（William Mitchell College of Law）[现在是米切尔·哈姆林大学法学院（Mitchell-Hamline College of Law）]任教，2009 年至今在明尼苏达大学法学院（University of Minnesota Law School）任教。在这两所学校里，我都教授过与实证法律研究和统计方法相关的课程，包括律师统计（Statistics for Lawyers）、实证法律研究、法社会学（Social Science in Law）、社会科学证据（Social Science Evidence）和法律政策政治（Politics of Legal Policy）。我还在西班牙奥纳蒂国际法律社会学研究所（International Institute for the Sociology of Law in Oñati, Spain）为硕士生教授过研究方法。实证研究方法也在我的侵权法教学和法律相关课程中发挥了作用。本书中，特别是在关于方法论的三章中，我充分借鉴了我自己的研究以及我教授研究方法的经验。

瓦莱丽·汉斯（Valerie Hans，康奈尔大学）、巴里·菲尔德（Barry Feld，明尼苏达大学荣誉退休教授）和金·伊诺米德斯（Kim Economides，佛林德斯大学荣誉退休教授，塞浦路斯大学客座教授）三位学者阅读了本书，针对部分或全部章节，提供了宝贵的意见。在我写这本书的时候，许多学者善意地回答了我提出的各种各样的问题：包括约翰·鲍德温（John Baldwin，伯明翰大学荣誉退休教授）、克里斯托夫·恩格尔（Christoph Engel，马克斯·普朗克研究所）、理查德·弗雷泽（Richard Frase，明尼苏达大学）、布莱恩特·加思（Bryant Garth，加利福尼亚大学欧文分校）、汤姆·金斯伯格（Tom Ginsburg，芝加哥大学），格雷格·古尔兹豪斯（Greg Goelzhauser，犹他州立大学）、瓦莱丽·汉斯（Valerie Hans，康奈尔大学）、萨尼亚·库特尼亚克·伊夫科维奇（Sanja Kutnjak Ivkovich，密歇根州立大学）、贾扬斯·克里希南（Jayanth Krishnan，印第安纳大学）、山姆·克里斯洛夫（Sam Krislov，明尼苏达大学荣誉退休教授）、大田昭三（Shozo Ota，东京大学）、杰奎琳·罗斯（Jacqueline Ross，伊利诺伊大学）、弗朗西斯·沈（Francis Shen，明尼苏达大学），乔伊斯·斯特林（Joyce Sterling，丹佛大学）、迈克尔·托尼（Michael Tonry，明尼苏达大学）、里克·特林克纳（Rick Trinkner，亚利桑那州立大学）。他们的帮助使我的写作工作轻松多了。

目录

◇ 第二部分　实证法律研究方法论 ◇

◇ 第三部分　实证法律研究实例 ◇

第一部分

实证法律研究导论

1 　　本部分是书的导论部分，包含两个章节：第 1 章定义
了实证法律研究的范围；第 2 章追溯了实证法律研究的历
史。历史的分期原则，大部分是基于促进实证社会科学的
技术发展水平。历史分期包括二战之前、二战之后至 1960
年、1960 年代和 1970 年之后。

1

什么是实证法律研究？

有很多种原因，使人们希望获得有关法律、法律制度 以及个人和组织相关行为的准确信息。人们在解决各种类型的矛盾和纠纷时，调动法律程序来作为解决机制的概率大吗？或者，是什么因素决定了法官所作出的裁决？再者，请律师会提高当事人胜诉的机会吗？又或者，企业的繁荣程度，在普通法系（common law system）和大陆法系（civil law system）国家中，哪种更高？虽然人们可能会根据个人经验或直觉来回答这些问题，但更好的方法，是系统地收集相关信息（systematically collect information relevant）来回答。而后一种方法，就是采用了实证法律研究的方法。

1.1 定义与范围

通过将"实证"（empirical）和"法律"（legal）两个概念分离开来，我们可以更好地理解"实证法律研究"的概念。第一个术语"实证"涉及一种广义的方法论（methodology broadly），在这里指的是收集事实信息或数据（assembling factual information or data）的过程。实证研究，无论是涉及法学学科还是其他学科，都需要系统地收集信息，信息收集的理想方式是该信息在理论上是可以复制的。该定义的特征是，信息收集是以系统的方式进行的。通常来说，收集的信息是以数据的形式呈现的[1]，收集到的数据可以被认为是一组不同形式的信息。然而，从这个意义上讲，系统收集的信息并不总是可以被简化为一组数据，但这不意味着信息不是通过系统过程收集的。

第二个术语"法律"，定义了所研究对象的范围。重要的是，这个术语是"法律"而不是"法"（law）本身，它抓住了这样一个观点，即实证法律研究不仅局限于对法本身进行实证研究，还扩展到了与法律相关或与法律互动的参与者和机构。因此，实证法律研究可以扩展到对法院人员、机构参与者、法院本身、行政法庭的研究，还可能涉及普通公民与相关司法机构的互动，以及公民如何回应法律。当然，它仍然可以对法本身进行研究。实证法律研究并不是像法官或律师那样传统地解释法律，将分析过程描述为系统性的，他们进行"法律分析"，本质上是将假设的、假定的或实际的事实，来套用法律，以得出关于某一行为是否合法的结论。

因此，"实证法律研究"指的是采用系统的方法收集信息，并以某种方式考察法律现象的研究[2]。研究目的可能只是描述一些法律现象，比如人们在何时会就法律问题或法律需求寻求法律咨询；研究目的也可能是评估与法律相关的项目是如何运作的，如1990年美国国会通过的《民事司法改革法案》（Civil Justice Reform Act，CJRA），通过实证法律研究，可以评估它是否达到了加快联邦法院诉讼程序的目标；又或者是为某些法律现象提供因果解释（causal explanation），例如，如何解释上诉法院法官的判决结果。就像这三个问题一样，实证法律研究者提出了许多问题，这些问题需要收集可以被转换为数据的信息，而且这些数据能够采用统计方法来进行定量分析。然而，实证法律研究人员研究的另外一些重要问题，可能需要通过系统研究的形式来得到最好的理解，而这些研究不易于产生量化的信息。例如，如果有研究者出于兴趣了解为什么有些人是否会就某一特定类型的法律问题寻求法律咨询，那么可以使用个人的各种特征信息进行统计分析。但是，通过半结构化访谈（semi-structured interviews）可以获得更清晰、更全面的理解。除了采用一些简单的统计方法，这种访谈的方法不太可能产生量化的信息。如第 3 章所述，将定量方法和定性方法相结合，对研究通常是最有利的。

4

目前，实证法律研究在各种场合中适用着。在学术领域内，大部分研究由社会科学学科（social science disciplines）的学者进行：这些学科包括社会学、政治学、经济学、心理学、人类学和地理学，也有一些历史学家对法律现象进行实证分析。在过去的 25 年中，法学院里的学者采用实证法律研究方法进行研究的比例急剧增长，尤其是在美国，越来越多的法学教师拥有社会科学高级学位。实证法律研究也可以在其他学院找到，包括商学院、公共卫生（和医学）学院和公共政策学院。实证法律研究也出现在专门研究机构中，如兰德民事司法研究所（RAND Institute for Civil Justice）

和美国律师基金会（American Bar Foundation，ABF）。它还出现在了非营利或专业组织，如律师协会或法律服务组织中，他们通常出于规划目的（planning purposes），直接采用或间接委托采用实证法律研究方法。政府机构中也有其身影，无论是常设机构［例如，美国联邦司法中心（Federal Judicial Center in the United States，FJC）和英国法律委员会（Law Commissions in the United Kingdom）］，还是特设机构［例如，英国各皇家委员会（various royal commissions in the United Kingdom）］，都可能出于规划或评估目的，直接采用或间接委托采用实证法律研究方法。

1.2 本书的计划

本书包括 9 个章节，它们被划分为三大部分，同时外加一个简短的结论。第一部分包括本章和第 2 章，第 2 章介绍了实证法律研究从起源到 1970 年左右的历史。在此之后，由于技术的发展极大地促进了定量法律研究的发展，实证法律研究开始蓬勃发展，这在第 2 章中也进行了讨论。第二部分包括第 3 章至第 5 章，该部分介绍的是实证法律研究方法。第三部分包括第 6 章至第 8 章，简要讨论了实证法律研究可以进行适用的三个不同领域[3]。第 6 章主要讨论法律制度，包括法律体系的类型、法院和实体法，涵盖的主题包括法院系统的组织、法官遴选和法院的合法性。第 7 章主要论述了法律行动者，包括法官和律师，讨论的主题包括司法行为、法律职业社会学（the sociology of the legal profession）、法律教育和法律代理人的影响（impact of legal representation）。第 8 章聚焦于受法律约束的主体，包括个人和机构，涵盖的研究主题包括援引法律或司法机关的决定、威慑（deterrence）和法律的其他行为后果、程序正义（procedural justice），以及谁在诉讼中更加占有优势。第 9 章进行了简单的总结。 5

这些章节的讨论主要限于英文的研究文献，尽管我知道有许多重要的文献使用了日语、德语、荷兰语、北欧语、希伯来语和中文，同时也有使用法语和西班牙语发表的研究成果。

注　释

〔1〕一组数据（data）中的单个信息是一个数据（datum），"data"这个词是"datum"的复数形式。

〔2〕在这个定义中，我省略了传统犯罪学所关注的犯罪的原因、犯罪的特征以及犯罪的发生率等方面的内容。我在本书中所定义的实证法律研究，包括了执法过程中所发生的事情，包括逮捕的活动和逮捕后的各种活动（例如，警察讯问、起诉与法庭程序等）。

〔3〕在 Cane 和 Kritzer（2010）的研究中，你可以找到更多关于第 6 章、第 7 章和第 8 章中所涉及主题的讨论。

2

实证法律研究简史

6 为了达到本章的写作目的，我将实证法律研究的历史分为四个阶段：第二次世界大战前、1946 年至 1959 年、1960 年至 1969 年和 1970 年之后。这些时期反映了一个普遍的现象：即关键技术的发展促进了实证社会科学的发展，这些发展包括抽样理论（sampling theory）的发展、大型计算机的出现、运行在大型计算机上的统计分析综合软件包的成熟，以及台式电脑的出现和运行在这些电脑上的软件包的开发。

2.1 第二次世界大战前[1]

在 20 世纪四五十年代以前，除了有传统的犯罪学研究（traditional criminology research）之外，与法律相关的实证研究在很大程度上是一种"美国现象"（American phenomenon）。在美国以外的国家，政府机构（如司法部和司法行政机构）往往定期公布统计报告，通常每年发布一次，报告内容包括案件数量、案件类型和处理方式等。例如，自 19 世纪中期以来，英国[2]、爱尔兰和苏格兰的法院，特别是刑事法院的工作统计报告已经定期出现。然而，这些报告主要由原始的统计摘要组成，除了记录一些变化和趋势之外，几乎没有任何统计分析。

早期最著名的实证法律研究成果，可能是费利克斯·法兰克福（Felix Frankfurter）和詹姆斯·兰迪斯（James Landis）在 1929 年出版的《最高法院纪要》（*The Business of the Supreme Court*）一书。作者对美国最高法院（Supreme Court of the United States，SCOTUS）在 1875 年至 1925 年间处理的案件进行了简要记录。在 1875 年至 1925 年间，涉及商业条款、正当程序、企业监管和税收的案件持续增加，而涉及普通法问题（common law issues）、土地法案件和各州的诉讼案件逐渐减少。虽然作者主要关注的是最高法院，但他们的研究也表明，1891 年成立的相对较新的联邦上诉法院（Federal Courts of Appeals）的案件数量，在成立的 35 年里也有所增加。这本书还将州最高法院（state supreme courts，SSC）的案件数量，与英国上议院和枢密院（British House of Lords and Privy Council）的案件数量进行了比较。这本书出版之后，费利克斯·法兰克福与其他人一起，编写了一份关于最高法院工作的年度统计报告，发表在《哈佛法律评论》（*Harvard Law Review*）上。费利克斯·法兰克福被任命为最高法院法官后，其他人继续着年度报告的编写。同时，《哈佛法律评论》也陆续将这些年度报告进行了出版。

尽管可以在 20 世纪 20 年代之前碰巧找到一些运用实证法律研究的例子，但实证法律研究在 1920 年开始的 10

7

年才开始真正发展。1919 年至 1940 年， "犯罪调查"
（crime surveys）（Nardulli 1978：3-39）在许多州和社区进
行。这些研究，连同 20 世纪 20 年代和 30 年代的其他一些
工作，往往是由那些被认为是"法律现实主义"（legal real-
ism）的人主导的。他们的观点是，书本上的法律并不一定
与实际发生的事实相符。

犯罪调查不仅限于调查犯罪的发生率。研究的中心焦
点在于法院系统如何处理刑事案件，包括处理时间、认罪
率、总体定罪率、量刑模式以及律师类型的影响大小；韦
恩·莫尔斯（Wayne Morse）领导的一项研究分析了俄勒冈
州大陪审团的作用。韦恩·莫尔斯当时是俄勒冈州的一名
法学教授，后来成了该州的联邦参议员；其他关于犯罪过
程的研究也出现在这一时期，其中许多成果发表在《美国
刑法与犯罪学研究所期刊》（*Journal of the American Institute
of Criminal Law & Criminology*）上。20 世纪 20 年代末，约
翰·霍普金斯大学成立了一个法律研究所（Institute of Law
of Johns Hopkins University，JHIL），对法律和法院进行实证
研究，其最初的一些工作涉及对马里兰州和俄亥俄州刑事
法院的研究。大约在同一时间，联邦维克沙姆委员会
（Wickersham Commission）和美国法律研究所（American
Law Institute）对联邦刑事案件进行了大规模研究。这项研
究的核心思想之一，就是后来我们通常所说的"辩诉交易"
（plea bargaining）。到了 20 世纪 30 年代末，与刑事司法制
度相关的实证法律研究也在英国开始出现。

8　　　约翰·霍普金斯大学法律研究所的研究工作超出了刑

事法庭的范畴。其关注的另外一个领域是离婚（divorce）制度，它们对俄亥俄州和马里兰州的离婚案例进行了大量研究。这些研究，连同它们在加利福尼亚州和威斯康星州所做的离婚研究的中心发现是，尽管当时的离婚法（divorce law）对离婚是抗拒的，但大多数离婚实际上是两相情愿（effectively consensual）的。约翰·霍普金斯大学法律研究所的研究还涵盖了俄亥俄州的一些低级法院，包括市长法院（mayor's courts）和小额索赔法院（small claims courts）。这项研究连同查尔斯·克拉克（Charles Clark）对康涅狄格州小额索赔法院的研究表明，此类法院的主要功能是收债（debt collection）。约翰·霍普金斯大学法律研究所在俄亥俄州和马里兰州的研究工作也涉及其他类型的民事案件，尽管这些研究似乎很少被它们发表。约翰·霍普金斯大学法律研究所对纽约县（曼哈顿）的民事诉讼大规模研究也是如此，该研究所的目标是收集 1927 年至 1930 年 10 万起案件的数据，但这项研究似乎没有任何结果。

在此期间，耶鲁大学法学教授查尔斯·克拉克和他的合作者[3]进行了两项值得特别注意的民事司法（civil justice）研究。其中一项在康涅狄格州的两个城市收集了 10 年间或更长的时间内的 27 000 多例案件数据。该研究发现，这些案件中超过 80% 涉及离婚、玩忽职守和债务，而且其中很大一部分并没有进行实际的法庭诉讼。此后，查尔斯·克拉克从 1929 年 7 月 1 日开始，针对 13 个联邦地区的联邦民事案件开展了为期一年的二次研究。查尔斯·克拉克发现，不同地区在各种因素上存在很大差异，比如案件的持

续时间（duration of cases）。在完成联邦交办的研究工作后
不久，查尔斯·克拉克成为制定《联邦民事诉讼规则》
（Federal Rules of Civil Procedure，FRCP）委员会的发言人，
他对联邦诉讼的研究结果很可能影响了 1938 年这些规则内
容的生效[4]。查尔斯·克拉克联邦研究的第二项成果，是
研究中所使用的数据收集表格成为联邦法院长期使用的统
计报告表格的基础。

在 20 世纪前段，实践中交通事故造成伤害的赔偿案件
日渐增加。1932 年，交通事故赔偿研究委员会（Committee
to Study Compensation for Automobile Accidents）公布了对
8800 多起交通事故的研究结果，这些研究综合了法庭记录
和个人访谈两种方法。该研究的一个重要发现，是发现了
责任保险（liability insurance）的重要性。与侵权人未投保
时相比，侵权人投保时伤者或死者获得赔偿的可能性会高
出三倍。实际上，在三分之二的案例中，受害者或受害者
的家人承担了事故的部分或全部费用。其他关于事故赔偿
的研究，是在加利福尼亚州和威斯康星州进行的。

民事诉讼研究的一个重点是民事陪审团。查尔斯·克
拉克在康涅狄格州的研究发现，在纽黑文高等法院，只有
4%的案件是由陪审团审判的。在过失型案件中，陪审团与
法院的判决结果差异不大，但在债务案件和合同案件中，
法院的判决结果略有利于原告。即使充分考虑通货膨胀的
因素，无论是法官还是陪审团作出的裁定额都是恰当的。
在同一时期，英国学者罗伯特·杰克逊（Robert Jackson）
主持了一项民事司法研究，追踪了陪审团审判的频率在

9

1918 年和 1925 年发生的变化，研究发现陪审团审判的权利在大多数民事案件中被终结了，陪审团的使用在很大程度上变成是由法官自行决定的。

在大萧条时期，债务和破产（debt and bankruptcy）是 20 世纪 30 年代的重要主题，这并不令人意外。如前所述，对小额索赔和一般管辖权法院（general jurisdiction courts）的研究发现，债务案件占了案件总数的很大一部分；法学教授、最高法院法官威廉·道格拉斯（William Douglas）主持了一项关于破产的研究，该研究主要依赖新泽西州和波士顿的数据。研究发现的一个关键问题是，银行向消费者提供了过多［"超额"（excess）］的信贷。与美国当时的问题一样，导致破产的另一个重要因素是医疗治疗费用；与债务相关的研究是由波士顿［以波士顿债务人法院（Boston debtor court）为重点］和芝加哥（以赔偿为重点）的研究人员进行的。约翰·霍普金斯大学法律研究所出版了一篇关于俄亥俄州富兰克林县（哥伦布）的破产管理专著。另外至少有两份联邦政府报告也包含了对破产程序的研究。

回到对上诉法院（appellate courts）的研究上来。事实上，也有对州上诉法院（state appellate courts）的研究。约翰·霍普金斯大学法律研究所对俄亥俄州司法行政（judicial administration）的研究考虑到了各级的上诉情况：即俄亥俄州最高法院、俄亥俄州上诉法院和普通上诉法院的上诉业务。该研究考虑了管辖权的基础（basis of jurisdiction）、上诉程序的持续时间（duration of the appellate process）和处置。它还包括了一个表格，比较了 22 个州最高法院和美国

10

最高法院的工作量；对刑事上诉处理的研究，在三个州同时进行，并在威斯康星州和马里兰州对所有法律领域进行了研究；1941 年，出现了一项对美国最高法院大法官判决的研究，表明大法官们有在"集团"（blocs）中结盟的现象，一个联盟是"保守派"（conservative），另一个联盟是"自由派"（liberal）（Pritchett 1941）。这项研究是司法行为（judicial behavior）研究的先驱，该类研究在 20 世纪 50 年代末开始受到重视。

对法律职业的实证研究开始于 20 世纪 30 年代。一些研究对律师进行了分析，研究维度包括性别、种族、收入、执业组织、教育程度、客户类型及收费等；至少有一项研究考察了不收代理费用的法律职业工作，其中有的是有意免费，而有的是无意的；一项研究比较了城市县和非城市县的检察官，考察了案件的类型和选举制度如何影响人员配备和工作的优先顺序，以及检察官如何应对资源限制；另一项研究考察了律师收入产生差异的原因，以及律师职业是否"人满为患"（即某些地方的律师是否过多）；同时也有一些关于法律教育的研究，研究重点包括法学院的入学问题、哪些因素能影响法学院的成功与否（例如，本科成绩或法学院入学考试（LSAT）分数能否预测法学院学术成就）以及学生评估方法的可靠性。

在第二次世界大战之前，还有一个实证法律研究领域，是对司法人员编制进行研究。哈罗德·拉斯基（Harold Laski 1926）首次对司法人员进行了实证研究，他考察了1832 年至 1906 年间被任命为英国法官的人员背景。在美国，此类研究首先关注的是州最高法院法官以及初审和上诉两级联邦法官的特征和声誉。该研究记录了一系列特征，包括教育性质、婚姻状况、任职年龄、子女数量、宗教信仰、个人财富、是否服过兵役、司法从业年限、组织成员、政治经历，以及公开公布的法律能力评级情况。该研究的作者综合了 16 条信息，为每个州创建了一个"人事指数"（personnel index），然后将该指数与一项对法学教授的调查获得的排名，以及其他州法院和美国最高法院引用频率的衡量指标相关联。他们还考虑了排名是否会因选择方法的不同而不同，但没有发现明显的差异；另一项研究主要考察了芝加哥初审法官的司法遴选，研究的一个重点是律师对当选司法法官的影响程度。结果显示，律师的影响力可以最多扩大到 30% 的选民。

以上所没有提到的一类研究是人类学家所做的早期工作。早期的民族志（early ethnographies）通常会包含一个名为"法律"的章节（Conley and O'barr 1993：44）。但第一本完全关注法律的民族志，是由受过英国教育的人类学家布罗尼斯拉夫·马利诺夫斯基（Bronislav Malinowski）所写的，于 1926 年出版的《野蛮社会的犯罪与习俗》（Crime and Custom in Savage Society）一书。布罗尼斯拉夫·马利诺夫斯基讨论了特罗布里恩群岛（Trobriand Archipelago，今天的印度尼西亚）土著居民的刑事诉讼和民事诉讼。法律人类学的另一部早期著作（在第二次世界大战之前出版）研究了夏安族印第安人（Cheyenne Indians）的法律习俗，由法理学家卡尔·卢埃林（Karl Llewellyn）和人类学家 E. 亚

11

当森·霍贝尔（E. Adamson Hoebel 1941）共同撰写。

到了 20 世纪 30 年代末，实证法律研究数量呈逐渐减少的趋势。约翰·霍普金斯大学法律研究所于 1934 年停止了运作，可能是因为外部资金枯竭。许多实证法律研究的主要推动者都去参与了其他活动：两名研究者被任命为美国最高法院法官（费利克斯·法兰克福和威廉·道格拉斯）；一名研究者成为新创建的《联邦民事诉讼规则》委员会的发言人，然后被任命为联邦上诉法院的法官（查尔斯·克拉克）；另一位被任命为法学院院长，后来成功竞选上了国会议员（韦恩·莫尔斯）。我的猜想是，实证法律研究数量的下降反映了 20 世纪 30 年代研究人员从事这项研究工作是单调乏味的。因为在当时，人们对相对较小的样本（1000~2000 个观察值）如何去进行好的估计还知之甚少。理解上的缺乏导致研究人员去建立更大的数据库（10 000 个或更多）。此外，当时的大型数据库和统计计算也完全不能与现代信息技术相比。20 世纪 30 年代，可用的穿孔卡片系统和制表机在统计数据方面受到了限制，尽管它们可以计算平均值、标准差（standard deviations）、简单相关性、简单（双变量）回归和单向方差分析（one-way analysis of variance）所需的中间量，但完成计算的工具不是机械计算机[5]就是幻灯片。此外，我们也不清楚研究能否达到预期并产生政策回报。

2.2 二战后至 1960 年：实证法律研究的复兴

正如人们所料，二战爆发后，尤其是在 1941 年 12 月美国参战后，实证法律研究几乎没有了身影。人与资源都投向了战争。在战争结束后的几年里，人们才重新燃起了对实证法律研究的兴趣。然而，重要的研究项目是在 20 世纪 50 年代才开始萌发的，直到 20 世纪 60 年代，实证法律研究才开始重新蓬勃发展。一个重要的标志是战争结束不久，日本于 1947 年成立了法社会学协会（Japanese Association for the Sociology of Law）（Kawashima 1968：66）。战后，日本的法律社会学家"对农业、林业和渔村进行了大量实地研究"，特别关注战后宪法的影响（Kawashima 1968：71）。尽管出版物直到后来一段时间才出现，但其中一些工作就是在 20 世纪 40 年代进行的；20 世纪 40 年代末，北欧国家的法律社会学家通过实证研究，探索了几个问题，包括公众的正义感，法律法规对信仰、态度和行为的影响，以及对某些类型法规的了解（Eckhoff 1968）；最后，在同一时期，两位法律人类学家，E. 亚当森·霍贝尔和马克斯·格鲁克曼（Max Gluckman），在欠发达社会进行了民族志的实地研究。

美国方面，普里切特（Pritchett）的《罗斯福法庭》（*The Roosevelt Court*，1948）出版于 20 世纪 40 年代末，它是一本值得关注的书。这本书是基于定量方法来进行研究的，这本书是在他 1941 年发表的一篇基于法庭术语的文章的基础上写成的；在第二次世界大战的后几年，律师协会开始讨论对美国法律职业进行研究的可能性，他们于 1948 年开始了《法律职业调查》（*Survey of the Legal Profession*）这项研究。这项研究有 400 多名记者参与，撰写了 175 份书面报告，其中一些研究成果还以书籍的形式呈现，一部分成果甚至以期刊文章的形式呈现。调查涵盖了律师行业的各个方面，包括人口统计资料、法律教育、律师资格、道德操守、律师工作内容、获得法律服务的机会和律师提供的公共服务。大多数研究成果是描述性的，并结合了各种来源的数据和叙述文本。1954 年，布劳斯汀（Blaustein）和波特（Porter）出版了一本著作，总结了这个项目的很多研究成果。

13

在 20 世纪 50 年代，学者们进行了重大的、系统的努力，以恢复对法律的实证研究。在芝加哥出现了两项重要成果。首先，这在很大程度上要归功于爱德华·利维（Edward Levy），他在罗伯特·哈钦斯（Robert Hutchins）担任芝加哥大学（University of Chicago）校长时，担任了芝加哥大学法学院（University of Chicago Law School）院长。罗伯特·哈钦斯曾在 20 世纪 20 年代末担任耶鲁大学法学院院长，他非常支持查尔斯·克拉克和耶鲁大学其他研究者所做的实证研究。在芝加哥，罗伯特·哈钦斯在开展实证法律研究方面发挥了重要作用，他可能是通过与福特基金会（Ford Foundation）的关系推动了实证法律研究，该基金会为研究提供了大量的资金。福特基金会确定了几个潜在的研究项目，并实际进行了其中的两个：一个是对仲裁的研究，由索亚·门奇科夫（Soia Mentschikoff）主持；另一个是对陪审团的研究，最初由伯纳德·梅尔泽（Bernard Meltzer）主持，但最后是由哈里·卡尔文（Harry Kalven）主持的。最终，仲裁研究只产生了有限的成果，但陪审团项目却获得了 140 万美元的资金资助（Hans and Vidmar 1991：324），大致相当于 2020 年的 1350 万美元。本项目出版了三本著作，发表了 20 多篇基于实证方法的论文，其中最著名的研究成果是哈里·卡尔文和泽塞尔（Zeisel）的《美国陪审团》（*The American Jury*，1971），它至今仍被认为是陪审团审判研究领域最重要的著作之一。

大约在同一时间，美国律师协会（American Bar Association）开始创建美国律师基金会。最初美国律师基金会的角色主要是做一些对美国律师协会有益的非实证工作，包括汇编资料和总结各类信息。然而，在美国律师基金会成立的头几年，福特基金会提供了 5 万美元的赠款，用于其制定刑事司法系统的研究计划[6]。这项计划的最终方案是进行了一项涵盖 18 个州的全国性研究。福特基金会还为堪萨斯州、密歇根州和威斯康星州的初步试点研究提供了共计 52 万美元的赠款，这大致相当于 2019 年的 500 万美元。威斯康星大学法学教授弗兰克·雷明顿（Frank Remington）受聘指导这个项目，他于 1956 年初开始了实地研究。

美国律师基金会的研究项目全称为"刑事司法管理调查"（survey of the administration of criminal justice）。然而，它并不是一项收集大量数据并进行统计分析的调查。相反，它涵盖了刑事司法系统的众多因素，包括警察、检察官、

14

辩护律师、法庭和矫正制度。研究主要通过实地观察方法完成。试点研究成果显示出自由裁量权在制度中的普遍作用，以及人们对法律的无知和许多法律行动者（尤其是警察）的可疑行为。最初的实地观察研究，在大约 18 个月内就已完成，3 个试点州的观测数据成为 1958 年完成的 7 卷试点项目报告的基础（Walker 1992：54-9）。

随后，福特基金会收到了一份希望在剩下的 15 个州完成实地调查的资助提案，但其因 100 万美元的成本而犹豫不决。然后，他们将注意力转向了此前根据 2000 多份实地考察报告编写的可出版的材料（Walker 1992：62-4）。虽然这项研究是一个漫长的过程，但他们最终在 1965 年至 1969年间出版了 6 本书（Walker 1992：50）。最重要的是，在其中一些出版物出现之前，该项目已经极大地影响了刑事司法研究、刑事司法政策和刑事司法教学，特别是发现了自由裁量权（discretion）与日俱增的作用和影响。

1956 年，哥伦比亚大学收到了一笔 5 万美元的匿名捐款，被要求用于进行一项系统的研究，来解决民事司法制度中所存在的问题。这些资金与其他两个基金会的拨款相结合，创建了哥伦比亚有效司法研究项目（Columbia Project for Effective Justice）。该项目在莫里斯·罗森伯格（Maurice Rosenberg）的指导下进行，对比较过失、索赔行为、宾夕法尼亚州的强制性仲裁要求和人身伤害案件处理等主题进行了实证研究。该项目最终产生了与庭前和解会议（Rosenberg 1964）和庭前证据开示（Glaser 1968）有关的重要研究成果。20 世纪 60 年代，监督《联邦民事诉讼规则》运行的委员会在审查规则的运作时使用了该研究成果。

20 世纪 50 年代后期，研究者进行了两项法律职业领域的开创性研究。社会学家杰罗姆·卡林（Jerome Carlin）对芝加哥的个人执业律师进行了一项基于访谈的研究。1957 年，杰罗姆·卡林在芝加哥完成了他的实地调查研究，该项目的主要出版物《自力更生的律师》（*Lawyers on Their Own*），直到 20 世纪 60 年代初才出版（Carlin 1962）。大概在同一时间，第二项研究由社会学家艾文·斯米格尔（Erwin Smigel）进行，他对律师行业的另一群体——华尔街公司的律师进行了访谈研究。基于这项研究的文章出现在 1958 年和 1960 年，主要出版物《华尔街律师》（*The Wall Street Lawyer*）直到 1964 年才出版（Smigel 1964）。

20 世纪 50 年代，一个重要的进展预示着未来十年的发展，那就是社会科学研究理事会（Social Science Research Council）组织并资助了关于法律和社会科学的夏季讲习班，讲习班在 1956 年首先在哈佛大学法学院开班，此后在威斯康星大学法学院持续了 3 年（1958 年至 1960 年）（Garth and Sterling 1998：418）。这些研讨会的主导者包括理查德·施瓦茨（Richard（"Red"）Schwartz）、哈里·卡尔文、维克多·罗森布鲁姆（Victor Rosenldum）、弗兰克·雷明顿和卡尔·奥尔巴赫（Carl Auerbach）。

在这一时期，其他普通法国家进行的实证法律研究基本上是缺失的。一个值得注意的例外是，英国社会学家奥利弗·麦格雷戈（Oliver McGregor）对结婚和离婚（marriage and divorce）进行了研究。20 世纪 50 年代中期，他出版了

15

名为《英国的离婚》（*Divorce in England*，1957）一书，他
利用一系列的资料，包括在皇家婚姻和离婚委员会（Royal
Commission on Marriage and Divorce）收集的资料，追溯了
100年来结婚和离婚的变化趋势[7]。

2.3　20世纪60年代：实证法律研究的腾飞

我把20世纪60年代描述为实证法律研究真正开始腾
飞的十年。其中最重要的事件是增加了两个资金来源。第
一个资助者是成立时间不长的沃尔特·E. 迈耶法学研究所
［Walter E. Meyer Research Institute of Law，（Cavers 1997）］。
沃尔特·E. 迈耶法学研究所只活跃了从1957年到1974年
的17年，在其存在的短暂时间里，该研究所广泛地资助了
实证研究，包括最高法院判决的影响、合同法、刑事司法、
环境法、法律职业、监管法和侵权法。当该研究所停止运
作时，它将其剩余的资金转交给了美国律师基金会，后者
用这些资金支持了包括16项小型研究在内的一系列研究，
涉及了各种主题——其中不少研究成果在《美国律师基金
会研究杂志》（*American Bar Foundation Research Journal*）
上进行了发表。

第二个资助者是罗素·塞奇基金会（Russell Sage Foun-
dation，RSF）。该基金会资助了加利福尼亚大学伯克利分
校（1961年）、威斯康星大学麦迪逊分校（1962年）、丹
佛大学（1964年）和西北大学（1964年），在这些学校资
助建立了法学和法律制度（law and legal institutions）社会

16

科学研究中心。从 1967 年开始，在长达 6 年的时间里，该基金会与沃尔特·E. 迈耶法学研究所共同资助了丹佛大学，资助其举办一系列的暑期研修班。威斯康星大学法律与行为科学中心是在罗素·塞奇基金会的资助下成立的，该中心获得了美国国家科学基金会（National Science Foundation）的资助，为研究生和法律专业的学生开设了一系列暑期研修课程，重点进行与法律相关的实证研究。

1964 年，在蒙特利尔举行的美国社会学协会年会（A-merican Sociological Association）上，在举行了一系列非正式会议之后，法律与社会协会（Law & Society Association，LSA）宣告成立。1966 年，该协会的期刊《法律与社会评论》（*Law & Society Review*，LSR）出版了它的第一期。《法律与社会评论》是第一份主要致力于实证法律研究的期刊。1969 年，劳伦斯·M. 弗里德曼（Lawrence M. Friedman）和斯图尔特·麦考利（Stewart Macaulay）共同出版了《法律与行为科学》（*Law and the Behavioral Sciences*），该书的第一卷被用作法学院的教科书，侧重于实证法律研究的教学。

20 世纪 60 年代，在美国进行的实证法律研究大量地以专论形式出现在法学期刊上，同时也出现在了新的期刊《法律与社会评论》上[8]。罗素·塞奇基金会出版了几本专著，这些专著由大学出版社和商业出版社出版。主题包括法律职业、法律教育、刑事量刑、刑事法院、民族志研究、上诉法院、警务、民事诉讼、陪审团、司法遴选、司法程序、法院判决的影响因素、监狱和伤害赔偿等。除了在美国的人类学家所做的研究之外，另外一些法律人类学 17

研究是由在印度和菲律宾等国家的美国学者所做的。

在 20 世纪 60 年代早期，许多国家的法律社会学家加入了国际社会学协会（International Sociological Association）的非正式组织法律社会学研究委员会（Research Committee on the Sociology of Law，RCSL），但直到 60 年代末该委员会才创建董事会，直到 1970 年代初才正式公布委员会章程。可以肯定的是，RCSL 的创立，反映出实证法律研究在美国以外的国家也开始进行了。然而，一组描述十几个国家法律社会学发展的报告（Treves and Van Loon 1968）显示，在美国、日本和北欧以外的国家竟然很少有类似的研究。在 20 世纪 60 年代后期，我们可以看到在除美国以外的其他国家，实证法律研究的成果越来越丰富。在英国，有几位学者很活跃，其中最著名的是迈克尔·赞德（Michael Zander）和布莱恩·阿贝尔-史密斯（Brian Abel-Smith），他们对法律职业、法庭、离婚和司法程序进行了研究[9]；约翰·霍格斯（John Hogarth）在加拿大进行了一项重要的刑事量刑研究，其研究结果直到 20 世纪 70 年代才出现。

20 世纪 60 年代的一项技术发展对实证法律研究运用的增长起到了重要作用，那就是用于统计分析的计算机软件越来越多了。这使得分析更大的数据库变得容易。最早的软件包是用于进行特定统计分析的程序集，如加利福尼亚大学洛杉矶分校统计学家威尔弗里德·迪克森（Wilfrid Dixon）开发的生物医学数据（Biomedical Data，BMD）软件包。一个更重要的发展是综合统计数据包的出现，一篇回顾文章讨论了 16 个这样的包，这些软件包被设计用于进行"批量"处理("batch"processing),另外还有 10 个包是为交互分析(interactive analysis)设计的[10]。这些包中除了 3 个之外,另外的包都是由非商业实体开发的,主要是由大学开发的。在这 26 个软件包中,只有社会科学统计软件包(Statistical Package for the Social Sciences,SPSS)在今天仍然普遍使用。SPSS 于 1968 年首次发布,它由芝加哥大学政治学家诺曼·聂(Norman Nie)以及两名合作者开发,但现在版权归属于 IBM。

2.4 1970 年以后的主要发展

从 20 世纪 70 年代开始,许多研究项目都与实证法律研究方法的发展有关。这在很大程度上是因为资金的获得来源越来越多。在美国,国家科学基金会在 1972 年为法律与社会科学设立了一个单独的资助项目。同年,英国社会科学研究理事会成立了社会科学与法律委员会(Committee on Social Sciences and the Law)。社会科学与法律委员会的早期行动之一,是在牛津大学设立了社会法律研究中心(Campbell and Wiles 1976:570)[11]。伦敦的纳菲尔德基金会(Nuffield Foundation)也资助了一个"为法律教师提供社会科学研究方法基础知识"的项目,并资助了法律服务获取(access to legal services)的研究。后来,纳菲尔德基金会建立了法律咨询研究部(Campbell and Wiles 1976:569)。20 世纪 70 年代,几所英国大学均开设了社会法律研究的研究生课程(Campbell and Wiles 1976:574)。剑桥大学出版社

18

出版的《语境中的法律》（*Law in Context*）和 M. 罗伯逊
（M. Robertson）的《社会中的法律》（*Law in Society*）两本
书，为课程提供了教学上的便利。

在这 10 年中，还应值得注意的是，政府机构和有关团
体也委托进行了与政策制定和政策评估有关的实证法律研
究。英国法律委员会在 20 世纪 70 年代初，就开始使用委
托的方式来进行实证研究[12]。在这 10 年中，至少有两个
皇家委员会委托了人员进行实证研究，作为调查的一部分。
其中一个委员会是涉及人身伤害赔偿的皇家民事责任和赔偿
委员会［Royal Commission on Civil Liability and Compensation
for Personal Injury，又称"皮尔逊委员会"（Pearson Commis-
sion）］；另一个是皇家法律服务委员会［Royal Commission
on Legal Services，又称"本森委员会"（Benson Commis-
sion）］；加拿大法律改革委员会成立于 1971 年，其曾委托
相关机构进行实证研究，以协助可能的法律改革；在美国，
执法援助署（Law Enforcement Assistance Administration，
LEAA）资助了一些与刑事司法有关的研究活动；美国联邦
司法中心进行了一些与民事诉讼和联邦法院运作有关的实
证研究；1971 年成立的国家法院中心（National Center for
State Courts，NCSC）则从事了与州法院运作有关的研究。
一些研究资金也会直接来自美国司法部。其中一个研究项
目，被称为"民事诉讼研究项目"（Civil Litigation Research
Project），获得了大约 200 万美元的资助，被用于进行联邦
和州诉讼研究（Hensler，1987）。

20 世纪 70 年代，实证法律研究的逐渐增长有一个显著

的指标：至少有 7 种相关的期刊创立。它们都非常重视出版与实证法律研究相关的文章，包括《法律研究杂志》（*Journal of Legal Studies*，1972）；《法律与社会杂志》（*Journal of Law and Society*，1974）[13]；《司法制度杂志》（*Justice System Journal*，1974）；《法律与心理学评论》（*Law & Psychology Review*，1975）；《美国律师基金会研究杂志》［*American Bar Foundation Research Journal*，1976，1988 年更名为《法律与社会调查》(*Law & Social Inquiry*)］；《法律与人类行为》（*Law & Human Behavior*，1977）；《法律与政策》（*Law and Policy*，1979）。1979 年，《国际犯罪学期刊》（*International Journal of Criminology*）更名为《国际法律社会学期刊》（*International Journal of the Sociology of Law*）［2008 年更名为《国际法律、犯罪与正义期刊》（*International Journal of Law, Crime and Justice*）］。同样，在此期间，美国司法协会（American Judicature Society，一个致力于司法改革的组织）的长期出版物《司法》（*Judicature*），也开始发表越来越多基于实证法律研究的文章[14]。

也是在 20 世纪 70 年代，可获得的资源增加了。此时，统计软件已经很容易获得，尽管这种软件是在大型计算机上运行的。大多数研究机构在通过计算机进行这类研究时是按时间收费的。第二个重要的发展是数据共享，数据共享可以使实证法律研究人员将先前收集的数据进行再利用。20 世纪 60 年代，密歇根大学建立了校际政治研究联盟（Interuniversity Consortium for Political Research，ICPR），以共享密歇根大学管理的选举研究数据。1975 年，ICPR 成为

ICPSR，即校际政治和社会研究联盟（Interuniversity Consortium for Political and Social Research）。该联盟在 1978 年获得了资助，建立了国家刑事司法数据档案库（National Archive of Criminal Justice Data，NACJD）[15]。1967 年，经济和社会研究理事会（Economic and Social Research Council）创建了一个类似的数据档案库，现在被称为英国数据档案库（UK Data Archive），它是一个与法律数据相关的存储库，其中包括了由皮尔逊委员会等皇家委员会委托进行的法律研究。

20   接下来的一个促进实证法律研究重大发展的事件发生在 20 世纪 90 年代。个人电脑的出现在 20 世纪 80 年代引起了轰动。然而，由于硬件限制（处理器速度、硬件设计和存储限制），当时可用的 PC 版本统计分析软件能力有限。例如，在 IBM 第一台个人电脑上市三年后，SPSS 在 1984 年发布了一个可以在 IBM 个人电脑上运行的版本。但与运行在大型计算机上的 SPSS 相比，它只是一个精简版和受限版。直到 20 世纪 90 年代，个人计算机的硬件和操作系统能力才得到充分发展，以支持需要强大运算能力的统计分析系统。在桌面操作系统上就能进行可靠的数据分析，这将大大降低分析成本并提高统计分析效率。

        20 世纪 90 年代的第二个发展是万维网的出现（the "web"）。网络技术是在 20 世纪 80 年代开发出来的，但网页和网络浏览器直到 90 年代初才出现。万维网的出现导致了搜索引擎的发展，使得在万维网上查找信息和数据成为可能[16]。雅虎（不是第一个互联网搜索工具）在 1994 年出现，谷歌在 1998 年出现。网络发展的一个结果是，越来越多的与法律相关的数据可以很容易地被下载下来，这些数据的格式通常可以使用现有的桌面软件进行数据分析。例如，在校际政治和社会研究联盟存档的数据可以直接下载，而不是通过 CD 碟片或计算机磁带传送。数据可以在政府网站、各种组织的网站以及由研究人员维护的网站上找到。

正如人们所预期的那样，这些发展使实证法律研究变得更加容易。一项针对美国法律评论的调查发现，在 1990 年到 2000 年之间，在那些学生编辑的期刊上，有 231 篇文章的标题中包含了 "实证的" 一词（Epstein and King 2002：15-16）[17]。然而，这项调查的作者们却对此提出了高度批评。他们认为，在很大程度上，这些文章没有进行任何形式的同行评议[18]。值得注意的是，这些文章的作者都是政治学者，而非法律学者，其中只有李·爱泼斯坦（Lee Epstein）是法律研究学者[19]。

直到 21 世纪的第一个十年，越来越多的法学院教师接受了社会科学的培训，而且通常都获得了博士学位。虽然经济学家在掌握社会科学研究方法方面是最杰出的，但人们发现法学教师同样也受过人类学、商学、政治学、心理学、公共政策和社会学的培训。这些学者将他们的社会科学知识应用到了他们的法律相关研究中。此外，也许是由于学生编辑的期刊缺乏同行评议，在西奥多·艾森伯格（Theodore Eisenberg）的领导下，康奈尔大学法学院的教师们创办了一份新的期刊《实证法律研习杂志》（*Journal of*

21

Empirical Legal Studies，*JELS*)，这是一份由同行进行评议的期刊。随着这本期刊的发展，实证法律研究学会（Society for Empirical Legal Research）成立了，其主要职能是每年组织一次实证法律研究会议；在欧洲也是每隔两年举办一次实证法律研究会议。

2.5 本章小结

纵观这段历史，我们可以清楚地看到实证法律研究已经演变成了四种风格。第一种风格是从传统学科的角度进行的与法律相关的研究。在美国，这类研究的最大主体是政治学领域，他们对法院和法官进行了深入的研究。在国际上，这类研究的最大主体可能是经济学，经济学理论常常被应用于法学和法律制度。近年来，在行为法学和经济学（behavioral law and economics）的框架下，人们发现了一些重要的研究成果，它们从其他领域，尤其是从心理学的角度，对传统的经济理论进行了改造。学者还将法学和法律制度的学科理论和方法应用于其他学科，包括社会学、心理学、人类学和地理学等。

第二种风格，我认为是真正的跨学科风格。它建立在法学和法律制度的理论和具体问题上，而不是直接与传统主流学科的观点联系在一起。在《法律与社会评论》、《法律与社会调查》和《法律与社会杂志》（*Journal of Law and Society*）等期刊上发表的研究成果是这种现象的缩影。这类研究的目标是与一系列传统学科的人交谈，并跨越一系列传统学

科，力图使自身的研究具备独特的理论视角和规范的研究
体系。

第三种风格是应用性实证法律研究。这类研究中的大
部分是代表政府进行的，要么是评估政策，要么是协助研
究政策的变化效果。在美国，国家法院中心代表各州做这
类工作。由联邦政府资助的州司法研究所为与州法院有关
的应用研究提供资金。美国联邦司法中心代表联邦法院进
行这类研究。其他联邦机构有时会承包这类研究。一个例
子是兰德民事司法研究所对《民事司法改革法案》进行的
评估。在英国，应用性实证法律研究通常由与政府签订合
同的大学教师进行。纳菲尔德基金会也在英国资助过这类
研究。这类研究的结果大多以报告的形式呈现，但也有学
术论文的发表。一个例子是 20 世纪 70 年代末由美国司法
部资助的民事诉讼研究项目（Hensler 1987），该项目促使
大量的学术出版物出版，其中包括多本著作[20]。

第四种风格是所谓的实证法律研习（empirical legal
studies，ELS）。实证法律研习从 2000 年左右开始在法学院
出现。它通常是从法学或法律问题开始的。大多数被标记
为实证法律研习的研究都是定量的。就在我写作本书时，
《实证法律研习杂志》上发表的依赖于定性方法的文章数量
屈指可数。大多数实证法律研习都是高度描述性的，仅仅
试图提供某些法律现象的丰富细节。

第三部分的章节并不是围绕这四种实证法律研究风格
来组织的。相反，我将在这些章节的讨论中借鉴以上四种
风格，正如第 1 章所述，这些风格将围绕三个主题来进行

组织，包括法律制度、法律行动者和受法律约束的主体。

注　释

〔1〕本节主要借鉴了作者先前对早期的实证法律研究的描述（Kritzer 2010）。

〔2〕本书中提到的英格兰实际上包含了英格兰和威尔士，为了简单起见我才只提到英国（英格兰）。

〔3〕查尔斯·克拉克的合作者包括哈里·舒尔曼（Harry Shulman）、威廉·道格拉斯、多萝西·托马斯（Dorothy Thomas）和理查德·D. 奥康奈尔（Richard D. O'Connell）。为了简单起见，在上面的讨论中，我只提到了查尔斯·克拉克。

〔4〕在 20 世纪 40 年代的头一两年中，至少在新民事法规某些方面，有一些实证研究的出现（Glaser 1968：42）。

〔5〕参见 www.youtube.com/watch? v = k3uujOBS6nI，最后访问日期：2020 年 1 月 15 日。

〔6〕参见布劳斯汀和波特（1954：342-50）列出的出版物的参考书目。

〔7〕皇家委员会通常称为莫顿委员会，委员会以其主席费格斯·莫顿（Fergus Morton），也就是亨利顿·莫顿勋爵（Lord Morton of Henryton）命名。

〔8〕《法律与社会评论》并不是第一份致力于法律和社会科学的期刊。第一份这样的期刊是《法律与当代问题》（*Law and Contemporary Problems*），该期刊于 1933 年由大卫·卡沃斯（David Cavers）在杜克大学法学院创办，他同时也是沃尔特·E. 迈耶法学研究所的主任。第一份专门讨论法律和经济学的期刊是《法律与经济学期刊》（*Journal of Law & Economics*），它创办于 1959年。这两份期刊都发表了一些带有实证内容的文章。另外还有一些期刊，致力于犯罪学研究，发表了许多包含实证法律研究内容的文章；这些期刊包括《刑法与犯罪学期刊》[*Journal of Criminal Law and Criminology*，1910 年创刊，原名是《美国刑法与犯罪学研究所期刊》]、《犯罪与犯罪行为》（*Crime and Delinquency*，1955 年开始出版）和《犯罪学》（*Criminology*，1963 年由美国犯罪学学会出版）。

〔9〕在此期间，昆汀·约翰斯通（Quintin Johnstone）和丹·霍普森（Dan Hopson）两位美国学者共同发表了一项研究，比较了英国和美国的法律职业。

〔10〕"批量"处理是指用命令为统计软件编制一套打孔卡，并提交处理；通常"作业"在排队后，当计算机可用时将运行这些命令。

〔11〕几年前，伯明翰大学成立了司法行政研究所（www.birmingham.ac.uk/research/ija/index.aspx）。该研究所的部分工作涉及实证法律研究，它有一个特定的研究重点。

〔12〕参见"实证研究的使用"，https://s3-eu-west-2.amazonaws.com/lawcom-prod-storage11jsxou24uy7q/uploads/2015/06/empirical_research_090610.pdf，最后访问日期：2020年1月29日。

〔13〕最初的标题是《英国法律与社会杂志》（*British Journal of Law and Society*）。

〔14〕该杂志于1917年开始以《美国司法协会杂志》（*Journal of the American Judiature Society*）为杂志名出版；后于1967年更名为《司法》。

〔15〕存放在校际政治和社会研究联盟的与实证法律研究相关的数据库远远超出了刑事司法的特定领域。

〔16〕虽然在线搜索访问是随着网络的发展而兴起的，但也有一些工具，在网络出现之前就可以进行搜索和远程下载。其中一个叫作"Gopher"（如此命名是因为它是由明尼苏达大学开发的，明尼苏达大学的吉祥物是Goldie Gopher）。

〔17〕这项研究调查了每一所美国法学院出版的法律评论。

〔18〕这一批评引起了许多法学学者的尖锐反应。上述批评发表在了同一期的《芝加哥大学法律评论》上。

〔19〕第二作者加里·京治（Gary King）是一位著名的方法论学家。

〔20〕该研究的参考文献可在https://z.umn.edu/5pab找到。

第二部分

实证法律研究方法论

23　　　　正如第 1 章所论述的那样，实证法律研究的方法论，是使对法律和法律现象的研究具有"经验性"。具体来说，实证研究涉及对信息的系统收集，也就是对所谓"数据"的收集，这些数据在假设上是可以复制的。但具体到某一项实证法律研究中，可能并不一定涉及数据的收集过程，因为实证研究通常会依赖先前收集到的数据。这些数据可以在互联网上发布，可以由最初收集数据的个人或组织私下提供。除了系统地收集数据外，实证研究还包括系统地分析数据，同样的，分析数据的方式也可以被其他接触到相同数据的分析师所采用。

　　　　第二部分的三个章节将讨论实证法律研究的方法论问题：第 3 章将讨论几个初步的问题；第 4 章讨论数据收集；第 5 章着重于数据分析。虽然第 4 章和第 5 章中划分了"定量"和"定性"两个单独章节，但要记住的是，这两种迥异的研究方法往往可以在一项单一的研究中得到结合。在接下来的三章讨论中，我大量引用了我自己的研究，来作为例子进行讲解。

　　　　这一部分旨在为读者提供足够的方法论问题介绍，以便能够为研究者阅读或者发表实证法律研究文章提供帮助。研究者不需要对实证法律研究所需的背景知识进行了解。有许多文献涉及了社会科学方法，包括定量方法（内含统计学）和定性方法（内含分析法）。对定量实证法律研究方法感兴趣的研究者来说，至少有三篇文献（Epstein，Martin 2014；Lawless，Robbenolt and Ulen 2016；van den Bos 2020），可以作为对定量方法的介绍，他们重点关注了实证 ₂₄ 法律研究方法。这并不意味着实证法律研究方法不同于其他社会科学方法。相反，这三篇文章将实证法律研究作为了例子。还有一些文献提供了研究者应用一系列方法进行实证法律研究的思路（Halliday and Schmidt 2009；van Boom，Desmet and Mascini 2018）。

3

方法论：初步的问题

25   本章讨论了几个与方法论相关的初步的问题，包括定量研究和定性研究的划分，确定研究问题，以及实证研究中可能出现的关键错误。

3.1 定量与定性之分

依赖于使用统计分析的实证法律研究和不依赖于它的实证法律研究之间，存在着一个重要的，有时是有争议的分歧。我把这两种方法称为研究的两种"风格"（styles）。这两种风格之间的区别存在于许多社会科学学科中。在这些学科中，基于定性方法的研究，在多大程度上可以成为该学科的核心（例如，see Almond 1988；Monroe 2006），以及这样的研究是否可以被视为"科学的"（scientific），一直存在争论[1]。当然，这在很大程度上取决于人们如何定义"科学"，以及人们是否认为给一项研究贴上"科学"的标签很重要。有一篇文献试图将定量研究引入到定性研究的设计和执行中（King, Keohane and Verba 1994）。但也有一种观点认为，定量研究涉及一种解释过程，该过程与定性研究的共同点，往往比一般人想象得多得多（Kritzer 1996）。此外，用于分析文本材料的新计算技术的出现，可能已在某种程度上模糊了定性方法和定量方法之间的区别。

26

尽管大多数实证法律研究学者只关注定量研究或定性研究中的一种，但实证法律研究群体中有一部分人已经将两种类型进行了融合，即将定性和定量方法融合在一项具体的研究项目中。哈泽尔·根恩（Hazel Genn）是英国实证法律研究的领军人物，她单独做过这两种类型的研究，还做过结合了"定性"和"定量"方法的研究。在"正义之路"（paths to justice）（Genn 1999）的研究中，她提出了一种她称之为"定量三明治"（quant sandwich）的方法，这是一种将定量研究夹在定性研究之间的研究方法（Halliday and Schmidt 2009：231）。更具体地说，定量三明治这种研究方法将首先采用定性的方法，对问题进行细化，然后收集和分析定量数据，在定量阶段之后，再进行进一步的定性考察，以澄清和加深对定量结果的理解。我们还发现了另外一些将定性和定量研究相结合的例子，这些例子激发了涉及定性方法的更深入的研究与分析。一个很好的例子是伊威克（Ewick）和西尔贝（Silbey）所写的《共同的法律之地》（*The Common Place of Law*，1998），它开始于一项基于调查的研究，调查了430名公民对新泽西州法院的看法。伊威克和西尔贝为新泽西州法院制作了一份统计报告，但这只是这个项目的开始。访谈被设计得很深入，并被记录下来。他们对其中一部分访谈进行了深入分析，这些访谈成为《共同的法律之地》的基础（Halliday and

Schmidt 2009：217-24）。

3.2 界定研究问题

3.2.1 理解研究目标

大部分实证法律研究都与理解"关系"有关，尤其是因果关系。在为评估政策目的而进行的实证法律研究中，对因果关系的讨论通常是看一项新的法律或政策是否导致了相关变化。例如，要求当事人在法庭审判之前参与某种类型的调解过程，观察这是否会导致案件在审判前结案的比例增加。在其他例子中，因果关系问题还包括陪审团的组成是否会影响陪审团的决定，例如，由部分白种人组成的陪审团是否比全部由白种人组成的陪审团判处死刑的概率低。评估因果关系的理想方法是通过精心设计的实验，在这些实验中，受试者被随机分配到不同的条件中，但事实上，我们很难将实验设计为真实世界的情境。

一项实证法律研究实验试图在失业补偿上诉听证会上指定索赔代理人，来检验这些代理人是否会为索赔人带来更好的结果（Greiner and Pattanayak 2012）。这项实验试图说明什么是所谓的有效性威胁（threats to validity）。具体而言，研究人员打算对原告随机分配法律代理人，无论其本身是否有法律代理人。如果研究人员能够做到这一点，他们就可以直接比较有代理人原告和没有代理人原告的裁判结果。然而，他们只能为随机选中的原告提供法律代理人，且无法强迫被选为代理人的人接受该原告。此外，也无法确保那些未被选中分配法律代理人的原告不会自行聘请法律代理人。因此，在这个实验中存在着"内部有效性"的威胁，这意味着所观察到的结果并不一定能够回答代理人能否发挥作用这个问题。

实验也可能存在外部有效性（external validity）的问题，这是指在实验中所观察到的现象是否可以延伸到现实世界中。能够作为研究外部有效性问题的一个例子是模拟陪审团研究。这类研究试图通过让研究对象来扮演陪审员的角色，并通过简短的审议过程来理解陪审团的行为。这些研究试图回答的问题包括目击证人证词的影响、陪审团指示的影响、当事人或律师的性别或种族的影响等。外部有效性存在的问题是，模拟陪审员所做的决定并不会对真实的诉讼当事人产生实际的影响[2]。

虽然以上讨论仅局限于定量研究，但同样类型的问题也适用于定性研究（Kirk and Miller 1986）。正如将在第 4 章中讨论的那样，案例选择（case selection）——选择特定的人、环境或事件进行研究——在涉及因果问题的定性研究中是非常重要的。更普遍地说，尽管有人认为可能还有其他情况需要考虑，但设计定性研究时，也应试图模仿设计定量研究时所考虑的因素。

重要的是，并非所有的实证法律研究都试图检验或测试因果关系。实证法律研究的目标可能仅仅是描述而非考察原因。例如，人们可能只是希望简单地研究刑事案件是如何解决的（撤销、移转、通过辩诉解决与审判），或者在

28

民事案件中典型的陪审团裁决是什么样子的。后一个问题在民事司法改革的争辩中很重要，因为人们对陪审团裁决的普遍看法可能与现实有所不同，这可能反映了媒体所报道的陪审团裁决比典型的裁决多得多。有效性问题也可能出现在描述性研究中，这些问题往往涉及抽样和测量过程。对于前者，可能是所使用的样本不能代表总体。在定性研究中，使用的案例可能是不寻常、不典型的，但这些研究也是基于大量的观察结果。例如，关于陪审团裁决，这类裁决的样本是如何获得的？一些研究直接进入法庭记录，其他研究则更多依赖于报道陪审团裁决的出版物，但这些出版物的报道可能不够全面。

3.2.2 明确待研究的确切问题

任何实证研究，无论是法律上的还是其他方面的，都是从定义要研究的问题或要回答的问题开始。通常，对最初提出的问题加以改进是必要的，以便该问题更适用于研究目的。例如，有人可能会问，替代性纠纷解决（alternative dispute resolution，ADR）是否比标准诉讼更好？这个大而泛的问题，自 1976 年弗兰克·桑德（Frank Sander）在"公众对司法行政不满的原因"会议上的演讲（Sander 1976）以来，已经被争论了近 50 年。在演讲中，他描述了后来被他称为"多门法院"（multi-door courthouse）的东西，他认为"多门法院"是指除了传统的诉讼途径外，法院还提供其他各种形式的替代性纠纷解决方式。

要回答"替代性纠纷解决是否比标准诉讼更好"这个

问题，必须要同时具备替代性纠纷解决和标准诉讼的信息
和数据。然而，在收集信息之前，必须对替代性纠纷解决 29
和标准诉讼的含义进行精确的界定。替代性纠纷解决有几
种形式，包括调解、仲裁和"简易审理"，在这些类别中，
每一类又有许多变体。例如，就调解而言，调解员需要具
备哪些背景和资格？如何挑选调解员？采用何种具体的调
解程序？同样的情况也适用于仲裁，如仲裁是否具有约束
力？（即如果一方或双方对仲裁决定不满，是否有继续向法
院提起诉讼的权利？）此外，还有一个问题，即替代性纠纷
解决程序是当事人自愿进入的，还是由合同规定或法院裁
决强制进入的？

民事诉讼结构（the structure of civil litigation）在同一
司法管辖范围内和不同司法管辖范围内可能有所不同。在
美国，诉讼与陪审团审判制度并行，但在其他大多数司法
管辖区，并没有使用陪审团进行审判的选择空间。在审前
证据开示和专家证词等问题上，各司法管辖区的规则并不
相同。在普通法国家中，民事审判是一个"集中"事件，
一旦审判开始，通常不会有实质性的休息时间（周末和假
日除外）。在大陆法国家中，一般不会对非刑事案件进行集
中审理，而是会进行一系列听证会，在听证会上会向当事
人提供一般性证据和补充证据。以上这些差异的出现，引
发了对替代性纠纷解决的跨国比较问题。

第三个需要考虑的因素是待解决案件的类型以及涉及
的当事人类型相关问题。一种程序可能会更好地适用于涉
及邻里纠纷的案件，但在一方是大公司而另一方是个人的

情况下，效果就不会那么好了。离婚案件发生的纠纷可能与普通侵权案件或合同案件中的纠纷不同。在特定的纠纷解决机制下，就业歧视案件的解决方式可能与涉及财产有关的纠纷有所不同。

更不明确的是，我们无法定义一种解决争端的方法比另一种更好意味着什么。"更好"可能意味着更快、更低的成本、更准确、被各方认为更公平、产生更高水平的公共合法性（public legitimacy）、更有可能产生明确的结果（例如，裁决），或一系列其他反映"质量"（quality）的潜在因素中的任何一个。重要的是，这些因素并非孤立存在。如何平衡成本与其他因素？例如，一项早期的研究将美国仲裁协会主持的仲裁与美国法院的诉讼进行了比较，研究从速度、成本和结果类型（已裁决或已解决）三个方面进行。研究仅限于合同和侵权案件。研究发现，仲裁速度更快，而且裁决的案件数量更多。然而，仲裁案件的平均成本（以律师费来衡量）与法庭诉讼的平均成本（在控制了相关金额后）相差无几——如果有的话，可能会略高一些。研究还发现，较低的诉讼成本更容易让诉讼当事人作出起诉的决定（Kritzer and Anderson 1983：18-19）。

因此，任何实证法律研究项目的第一步都是要详细说明将要研究的确切问题。继续以替代性纠纷解决与诉讼为例，详细说明将要研究的确切问题，意味着识别核心概念（例如，替代性纠纷解决、"更好"等）的含义，并识别问题的背景（例如，案件类型、当事人类型等）非常关键。解决这些问题之后，还必须确定如何衡量和评估核心概念。

研究者还必须识别潜在的变量（potential variables），虽然这些变量不是分析问题的核心，但却可能会影响数据的模式，这些模式会创建一种关系，这种关系实际上就是由于这些额外的变量所造成的。一个例子是，如果根据成本来比较哪种争议处理程序更好，就必须注意控制利害攸关的金额（amount at stake）和争议的性质（nature of the dispute）这两个变量。因为不论哪一种争议处理程序更好，这两个因素都可能影响成本。此外，如果一类案件在其中一种制度中比在另一种制度中更常见，或者说，如果争议金额在各制度中差异都很大，则费用的差异可能是由于以上因素而非处理争议制度的性质所导致的。

虽然这一节的讨论听起来很像只适用于定量研究，但实际上同样也适用于定性研究。例如，假设你对律师和他们客户之间的关系很感兴趣，你的核心问题应该是谁控制或主导了这段关系。要设计一项使用定量方法的实验来检验这个问题是非常困难的。研究它的最好方法首先是通过观察，虽然这也很难做到。其次可以使用的方法是访谈[3]，虽然这种方法可能是片面的（即只能从律师的角度或从客户的角度来看待他们的关系，不能双向同时看）。无论数据是通过观察还是访谈获取的，一个初步问题是，"控制"和"主导"是什么意思？也就是说，究竟是什么或谁在被控制或支配？第二个问题是，其中涉及了哪些类型的律师（如私人委托、法律服务、公益法律服务等）以及法律顾问？他们服务的是什么类型的客户？第三个问题是，客户寻求解决什么类型的问题？关于律师与客户关系的问题，答案可能会因

31

律师类型、客户类型以及所处理的事项等因素而有所不同。

3.3 错误（Errors）

任何研究工作都有出差错的风险。在统计分析中，研究者会经常遇到第一类错误（当"原"假设为真时，却错误拒绝了）和第二类错误（当"原"假设为假时，却没有去拒绝）。正如下面所讨论的，我将谈谈这些错误是如何发生的。

在统计分析中，第一类错误和第二类错误尤其与假设检验（hypothesis testing）有关。统计学上进行假设检验的标准方法是指定一个"零假设"（null hypothesis），"零假设"通常是指两个变量之间（或一个变量与一组预测值之间）没有关系，而"备选"或"所研究的"假设是存在关系的[4]。然后，我们假设零假设为真，计算观测数据中发现关系的概率。如果该概率低于设定的阈值（stated threshold），则拒绝零假设，并接受备选假设为真。使用这种方法既有逻辑上的原因，也有统计学上的原因。直接确定某事是否为真存在逻辑问题，而假设检验是使用间接方法来否定原假设，从而得出备选假设为真的结论。在统计学上，零假设精确地说是"没有关系"（例如，在某个变量上两组平均值之间的差值为零），这就可以计算出一个特定的概率（例如，如果真实差异为 0，则偶然观察到数据中发现的实际差异的概率），这是不精确的备选假设所无法实现的。

3.3.1 第一类错误

在统计分析中，第一类错误是指当"原"假设为真时，却错误地拒绝了该假设。第一类错误发生的概率是通过选择一个"显著性水平"（significance level）任意设置的。显著性水平设置得越低，第一类错误发生的可能性就越低。因此，在 0.01 的显著性水平之下，第一类错误发生的概率只有百分之一。但在 0.05 的显著性水平之下，则是百分之五。然而，考虑到一定程度关系的存在，第一类错误的可能性会随着观察次数的增加而降低。更普遍地说，我们可以将第一类错误描述为假阳性（false positive）：当某些东西实际上并不存在时，却看到它存在；或者在实际不存在时，结论却认为存在关系。除了统计分析外，没有精确的方法来确定第一类错误发生的可能性。但是，随着用于得出结论的信息量的增加，第一类错误发生的可能性会下降。

3.3.2 第二类错误

在统计学中，第二类错误是指没有拒绝实际上是错误的"原"假设（零假设）。显著性水平越严格，就越有可能在统计分析中犯第二类错误。然而，第二类错误发生的可能性会随着样本量的增加而降低。更重要的是，统计分析中发生第二类错误的可能性降低了零假设的"错误"程度。也就是说，如果"原"假设是 A 与 B 无关，随着 A 与 B 之间实际关系的增强，第二类错误发生的可能性就会降低。也就是说，关系越强，就越容易发现它。更一般地说，第二类错误是假阴性（false negative）：即未能看到实际存在的东西（例如，一种关系）。一个很好的比喻是，你是否可以通过一组双筒望远镜看到某物？你试图看到的物体越大，你真正看到它的可能性就越大。在定性研究中，没有办法量化第二类错误发生的可能性。

3.3.3　第三类错误

第三类错误（Kirk and Miller 1986：29-30）同样均适用于定性和定量研究，这类错误是指研究者提出了错误的问题[5]。用我自己研究中的一个例子最能说明这一点。在我参与的一个重大项目中，有一项是律师费对律师与客户关系的影响研究。在一些普通法国家，规定了正式的程序，律师的账单可以由法官审查，且法官可以命令削减账单金额。虽然这些程序主要是为了处理费用转移情况（即败诉方被要求支付胜诉方的部分或全部法律费用），但当客户对自己律师所出具的账单不满意时，也可以使用这种程序。我很好奇这个程序的可用性会如何影响公司和他们的律师之间的关系，我设计了一项研究，研究以公司高层和公司聘请的律师的访谈为基础。这项研究于1983年夏天在加拿大多伦多进行。仅仅经过几次访谈，我就意识到这个研究问题是无关紧要的。研究所涉及的内容包括专业、业务和个人方面，这些方面都已经包含在了律师与客户保密特权之中，因此正式的投诉机制就从未被使用过。我随后便转而关注另一个问题，即公司律师和他们客户之间关系的性质研究（Kritzer 1984a）。可以说，没有办法来量化第三类错误发生的可能性。

3.3.4 第四类错误

第四类错误是指在分析过程之中出错。这在定量分析中是最明显和最常见的，因为定量分析很容易犯错误，包括在无意中忽略了观察结果、包含了错误的变量、没有包含应该包含的变量、错误地计算了派生变量（例如，比率）或重新编码了变量，第四类错误还涉及错误地选择了统计程序。我自己发表的研究（Kritzer 2004a）中的一个例子涉及错误地计算了比率。在这篇论文的图 3（第 541 页）中，是两条关于英国审判概率的趋势线。其中一条是"实际审判数量占预定审判数量的百分比"，即实际审判数量与预定审判数量的比值。我使用了电子表格软件来创建图形。在计算比率时，我为分母选择了错误的列。经过我的计算并在图表中展示的趋势是指涉及审判的案件数量占所有提起诉讼案件数量的百分比。但是，我当时犯了一个错误，即我错误地将其表述为以审判为基础的案件数量占所有提起诉讼案件数量的百分比。直到几年后，当我看到哈泽尔·根恩（2010：33-6）更新了我在英格兰审判方面的一些研究时，我才意识到了这个错误。尽管她没有更新我错误的具体图表，但她的更新内容让我重新检查了我的文章，从而发现了这个错误。

有些指标可以表明分析过程存在问题。例如，一个非常令人惊讶的结果显示了一种意想不到的关系，这表明分

34

析中很可能出现了一些错误。有几次我都遇到过这个问题，幸运的是，我深入挖掘并最终发现我确实做了一些错误的事情。还有些指标是当结果太好时。例如，所假设的关系比你预期的要强很多。我还没有遇到过第四类错误的变体，但本书初稿的一位读者告诉了我一个非实证法律研究中发生这类错误的例子（Strand 2020）。

没有办法量化第四类错误发生的可能性，但通常会有迹象表明它们已经发生。其中一个迹象是发生了令人惊讶和意想不到的结果。部分研究者可能会对这样的结果给出合理的解释，要注意的是，这类结果通常表明你在分析过程中做错了一些事情。我确信在定性分析中也会出现第四类错误，但要准确描述它们是如何发生的就没有那么容易了。

＊ ＊ ＊

本章的讨论为第 4 章和第 5 章奠定了基础，这两章分别探讨了实证法律研究中的数据收集和数据分析过程。值得注意的是，本章所讨论的问题并不是实证法律研究所独有的，它们在实证社会科学研究中普遍存在，而且其中许多理论阐述也同样适用于自然科学研究。

注 释

〔1〕"科学"与"非科学"的争论在某种程度上可能是英语国家特有的，因为在其他语言中翻译成"科学"的词，比英语中"科学"这个词的含义更少。例如，"science"在德语中翻译为"Wissenschaft"，但"Wissenschaft"翻译成英语后，是涵义更广泛的术语"知识"，包括人文（例如，历史、哲学等）以及自然和社会科学等。

〔2〕参见 Campbell 和 Stanley（1966）对因果推理有效性威胁的详细讨论。

〔3〕我认为访谈是"第二好的"，因为观察到的内容与通过访谈发现的内容在深度上存在差异（Kritzer 2002）。

〔4〕这种方法被称为"频率论"（frequentist）方法，另一种方法是"贝叶斯"（Bayesian）方法（Gill 1999）。

〔5〕关于第三类错误还有很多其他说法，参见 https://en. wikipedia. org/wiki/Type_III_error。其中一种说法是为错误的问题或假设提供了正确的答案。

4

方法论：数据收集

　　为了进行实证法律研究，必须先有数据。对一些实证法律研究而言，数据可以从数据档案中获得，也可以从政府网站上下载，例如，由少年司法和犯罪预防办公室（Office of Juvenile Justice and Delinquency Prevention，OJJDP）[1]所维护的网站。如前所述，校际政治和社会研究联盟保存了大量与法律有关的数据，特别是与刑事司法有关的数据[2]。在英国，英国数据档案库（UK Data Archive）也有类似的资料收藏[3]。剑桥大学马歇尔图书馆（University of Cambridge Marshall Library）保存着一份世界各地数据档案的清单[4]，虽然这个数据档案最初是为存储和传播定量数据而创建的，但其中也有定性数据的档案来源（参见 https：//qdr. syr. edu/）。事实上，最早的学术数据档案可能是 1949 年建立的旨在传播民族志数据的"人类关系档案"（Human Relations Area Files）[5]。其中许多档案，现在还有专门的在线工具用于分析其中部分或全部数据。

　　如果一个研究项目所需的数据是不可用、不完整或不是最新的，研究人员则需要继续收集数据。收集数据的方法有很多。以下的讨论分成了收集定量数据的方法和定性数据的方法两类。需要注意的是，后者通常包括访谈和观察方法，但这两种方法也可以用来收集定量数据，尽管获取的方式可能与常规方式不一样。

4.1 定量方法

定量研究包括对某些现象的整个总体（例如，对所有 36 州最高法院的留任选举进行研究）或一个子集进行调查，这个子集被称为样本。在理想情况下，一个样本应该从总体中随机选择，因为只有随机样本才允许使用统计方法来对整个总体进行推断。但在实际操作中，通常不可能有一个样本完全满足统计推断所需要的所有要求，但是研究人员通常会继续进行统计分析，就像是随机选择了一个样本一样。在真正的实验中，受试者被随机分配到不同的条件下，通过比较不同实验条件下实验结果的统计分析，来将结果适用于实验对象。但是，通常不能够保证实验结果能适用于真实世界。当实验对象本身不是随机选择的，即通常来自某个方便选取的群体（例如，特定法院和案件中特定的诉讼当事人），而非从总体中随机选择时，外部有效性或生态效度的问题就会增加[6]。与统计分析有关的问题将在第5章中进行更加详细的讨论。

在定量实证法律研究中，收集数据的方法有很多种。第一种通常被描述为"理想"型，即真正的随机实验，其关键因素是样本是被随机地分配到"实验组"（treatments）的。在医学界中，实验中的"治疗"（treatments）是实际的治疗，比如利用不同的药物（包括安慰剂），利用手术与非手术治疗，等等。通常，接受安慰剂或按照当时的标准进行治疗的组，将作为"对照组"（control），而另一个（或多个）组将作为"实验组"。有关实证法律研究实验的例子在前面已经提到：例如，失业补偿上诉中的代理人（没有代理人的作为对照组）；需要或不需要进行审判前调解（审判前没有进行调解的作为对照组）；以及模拟陪审团的研究，等等。除了广泛意义上的模拟外，设计实证法律研究实验的困难，是进行随机分配的能力有限。在一些情况下，真正的随机分配可以在真实的法庭中进行。例如，有几项研究将案件随机分配到法官或法院其他官员手上，来进行预审或听证会前的和解会议；研究刑事案件中审前分流方案影响的实验；以及问题解决型法庭（如毒品法庭）有效性的实验；还有一些试图模拟法律程序或者法律选择的实验，最常见的是模拟陪审团的研究，其历史相对较长——至少有一项研究可以追溯到 20 世纪 20 年代，但从 20 世纪 60 年代开始，这类研究已经变得相当普遍（Diamond 1979）；现在越来越常见的是以调查为基础（survey-based experiments）的实验，在这类实验中，往往要求受访者对各种参数的随机变化假设情况作出反应。

除了真实的实验之外，还可能出现适合准实验（quasi-experiments）的情况。在有些情形中，有关的现象会发生在一种设置或一个组中，但不会发生在第二个与其非常相似的设置或组中（前者是实验组，后者是对照组）。第二种准实验是只改变特定条件，而其他所有条件都保持不变

［如"前测—后测"（protest-posttest）或者"事前—事后"（before-after）的设计］，从而产生了一个事前/事后的情况。不同于真实实验，在准实验中，尽管研究人员可能会将条件随机分配到预先存在的组中，但他们并不会将实验对象随机分配到不同条件中。第一种设计的挑战在于，不同的小组之间可能存在一些影响结果的差异。而在第二种设计中，除了实验操作之外，还可能会出现从前测到后测的变化。第一种设计的一个很好的研究例子，考察了民主党总统选任的法官与共和党总统选任的法官在某一类问题的判决上是否存在差异（Helland 2019），该研究中的案件都涉及同一问题，且都是对同一被告进行判决。还有很多事前—事后的对比研究（before-after studies）的例子，经常会涉及一些政策或法律的变化。这些研究的挑战在于，其中可能存在其他交叉变化，导致对变化的实际影响的评估变得困难。这一点在实践中已经得到证实，例如，评估美国最高法院修改民事案件诉状内容标准这一行为的研究（参见 Gelbach 2016）[7]。

38

实证法律研究有一个重要的数据来源，就是采用调查的方法收集数据。在调查型研究中，常常随机抽取公众样本，考察公众对法律和法律制度各方面的看法、在司法选举中的投票决定、对法律或法律制度变革的支持、犯罪受害者的经历、法律需求等；也可以对特殊人群进行调查，如律师、法官或法院其他官员群体。这些研究有时侧重于分析具体的案例或经历，有时会提出一般性的问题。虽然对一般总体的调查研究往往是基于随机样本来进行的，但对特殊人群的研究往往更依赖于方便取得的样本，如考察特定组织的成员；也可以对参与过法庭案件或类似事情的受访者进行调查，方法是抽取相关案件的样本，确定参与其中的人员，包括诉讼当事人、律师或者其他参与者。这些调查一般是在了解案件信息的同时，来了解受访者的背景以及他们对自己经历的评价。调查可以通过面谈、电话、邮件以及互联网工具来进行。这类调查通常使用高度结构化的问卷（调查工具），尽管它们也可以是非结构化的，非结构化访谈（unstructured interviews）在访谈者与受访者直接互动时最容易做到。

行政数据，特别是司法机构的数据，为实证法律研究提供了一个有效的数据来源。有时，数据是在案件层面上被提供的。一个例子是联邦法院综合数据库，该数据库可在联邦司法中心网站上或通过校际政治和社会研究联盟档案获得。另外，数据也可以从政府报告中摘取作为分析的基础。一个例子是马克·加兰特（Marc Galanter）的文章，他将他的研究称为"消失的审判"（vanishing trial）（Galanter 2004），这项研究是基于美国法院行政办公室出版的年度报告中的汇总统计数据进行的分析。

39　　　研究者可以对各种记录（通常是政府记录）进行筛选和编码，以创建用于实证法律研究分析的数据库。最突出的是对法院判决的研究，研究者可以从这些判决文本中提取信息并进行编码。在美国，对美国最高法院（Segal and Spaeth 2002）、联邦上诉法院（Songer, Sheehan and Haire 2000）、联邦地区（初审）法院（Carp and Rowland 1983）

和州最高法院（Brace and Butler 2001）的判决，学者都进行了相关研究[8]。通过这种编码过程创建的数据库被广泛或公开地用于分析的目的[9]。许多国家的最高法院也建立了类似的数据库，包括但不限于澳大利亚、加拿大、以色列、菲律宾和南非。所记录的编码并不局限于法院判决。研究人员还将口头辩论、简报内容、申诉内容、动议内容、法庭纪要、陈述报告、审讯记录和民事陪审团裁决（都来自官方文件和公开报告）等内容进行了编码。

虽然政府记录经常以文本的形式出现，但用于统计分析的文本编码并不局限于法庭上的记录或法庭档案中的材料。研究人员还对有关美国最高法院的报纸文章、电视广播新闻报道、民事诉讼专业出版物上的陪审团裁决报告、司法选举中的广播广告内容和犯罪与刑事法院的新闻报道进行了编码。已编码的其他类型材料还包括保险单、许可协议和各种其他类型的合同。

定量实证法律研究的最后一个数据来源是通过直接观测或间接观察来系统地记录数据。所谓间接观察，我指的是对法律程序或法律相关事件的视频或者音频记录（录音）进行编码。这类研究大多是通过对公开法院程序的观察来完成的。至少有一项研究（Diamond，Vidmar，Rose，and Ellis 2003）涉及民事案件中陪审团审议的录像；另一项研究对大陪审团进行了直接观察（Carp 1975）；还有一些研究是基于对警察审讯的观察来完成的。

在涉及文件编码或资料观测的研究中，一个核心的问题是编码的可靠性。可靠性是指同一个人是否一致地进行

40

了编码（即如果同一个人对一份文档进行两次编码，是否使用了相同的编码），以及两个人是否对同一份文档应用了相同的编码。第一种被称为编码员内可靠性，第二种被称为编码员间可靠性。在涉及编码过程的研究中，报告可靠性测量值的大小是很常见的。通常，研究者会寻求80%或更高的可靠性。低可靠性表明了编码过程中使用的类别是不明确的。可靠性问题可能表明研究中存在着一些错误现象，举一个与实证法律研究无关的例子，在我之前所做的一项研究中，涉及了对越南战争期间政治抗议事件的编码，观察这些事件的研究者使用了一份详细的检查表。在对一些初始事件进行编码后，分析显示在抗议者是否对警察喊过脏话的问题上，编码人员所注意到的内容存在着很大的不一致。有些编码者，包括我自己，当时20多岁，通常不会注意到抗议者喊出的脏话，而其他四五十岁的编码者则会注意到抗议者喊出的脏话。

4.2　定性研究

4.2.1　案例选择

定性研究在案例选择方面与定量研究不同，因为这类研究通常只关注少量的"案例"。"案例"是什么？在某种意义上，案例有由上下文定义（defined by the context）的情况和由信息源定义（defined by the information source）的情况。重要的是，这个问题并不是定性研究独有的。例如，一项针对 2020 年总统选举投票行为的调查研究，涉及对成百上千的受访者提供的数据进行统计分析，但这仍然是涉及单次选举的"案例研究"；一项定性研究考察了社区中的争议行为，研究方法（Engel 1984；Greenhouse 1986）包括了重复的观察行为和一系列的半结构化访谈，该研究是在单个案例中嵌入多个了"案例"。在下面的讨论中，我将提到"上下文用例"（context case）和"嵌入用例"（embedded cases）。刚刚所提到的选举研究和社区争议研究间的一个关键区别是，争议研究中的信息源通常是有目的地选择的，而不像选举研究是随机选择的。

41

在定性研究中，还存在着单一背景案例（single context case，单个案例研究）和多个背景案例（multiple context cases，比较案例研究）的情况。研究人员可以通过若干方式选择一个或几个案例（Yin 1994：38-41）。就单个案例研究而言，研究中可能会有一个案例构成"关键案例"（critical case）。例如，研究者有充分的理由预期某种现象确实存在，然而实际上未能观测到该现象，这将为研究提供重要的思路。反之，预期该现象不存在却发现它存在，同样也可以为研究提供重要的思路。在单个案例研究中选择上下文用例的第二个理由是它是一个"极端或独特的案例"。当发生了意想不到的事情，或者当人们知道一个案例具有独特的特质，理解它就能够发掘独特见解时，这种选择是很恰当的。第三种类型的单个案例研究是"揭露式案例"（revelatory case），研究人员以前无法接触该类案件，但出于某些原因现在能够接触到了。一个具有启示性的案例是通过参与性观察方法对警察进行研究（Rubinstein 1973）[10]，与对男子监狱（Sykes 1958）和女子监狱（Giallombardo 1966）进行定性研究[11]。

在多案例设计中，有几种选择案例的方法。其中一种方法是进行跨国研究，但也可以进行任何类型的比较案例研究，这类研究往往将"最相似"或"最不同"的案例进行对比（Frendreis 1983：260-4）[12]。前者涉及在尽可能多的变量上选择相似的案例，但具有核心意义的现象除外。这种设计的理由是，案例中的任何差异都不能用在不同案例中没有变化的变量来解释。例如，如果三个社区的凶杀率各不相同，那么在三个社区中相同的变量就不能解释这些差异。后者涉及选择在关联现象上没有变化，但在实际情况下有许多其他变化的案例。这种方法的逻辑是，不同的变量不能解释关联现象。例如，如果三个社区的凶杀率相似，那么不同社区之间存在差异的变量（如种族构成、贫困率、失业率等）就无法解释凶杀率。这些设计都存在逻辑漏洞，最明显的就是没有考虑到关联现象可能是通过多种因果机制产生的。

第二种方法，与最不同或最相似方法有一些相似之处，它采用了"复制逻辑"（replication logic）。这与定量研究中固有的"抽样"逻辑不同，因为案例是为了达到某种目的而精心挑选的，要么可能产生相似的结果，要么可能产生相反的结果（Yin 1994：45-51）。另一种思考复制逻辑的方法是，选择不同的案例是为了观察这些差异是否会影响结论或发现。例如，在我对风险代理收费法律实践（Kritzer

2004b）的研究中，我选择了三个案例。在这三个案例中，我分别花了一个月的时间跟踪三位律师。其中的一个案例，一位律师处理过相当常规的人身伤害案件，并在电视上打过广告。第二位律师则很挑剔，他专注于高价值的案件。第三位律师具有一般的庭审实践，办理过人身伤害案件、离婚案件、刑事案件与其他案件。我的目标是根据这三个案例，来发现它们之间共同的特点是什么，不同的特点是什么。

4.2.2　数据收集

定性研究收集数据的基本方法有两种：即访谈和观察。在实践中，观察性的研究项目通常会包括访谈，但基于访谈的研究项目通常不会包括观察。实际操作中有不同类型的访谈和观察方法。观察的优点是能产生更丰富和更微妙的数据（Kritzer 2002），但可供挖掘的信息源广度有限。

4.2.2.1　访谈

定性访谈包括半结构化（semi - structured）和非结构化（unstructured）两种基本方式。在前一种情况下，访谈人将根据系列问题或具体问题的清单来进行访谈，尽管访谈人在访谈过程中可以在问题之间灵活跳跃。在后一种情况下，访谈人只能发掘一些主题，并让受访者顺着谈话方向进行。实际上，与其说以上分类方法是一种二分法，不如说是一个连续的统一体。在一个典型的半结构化访谈中，受访者会被问到各种各样的问题。斯普拉德利（Spradley 1979：223）列举了一系列问题类型，以下是一个简要版本

43

（以我采访那些按照风险代理收费的律师时会询问的一些问
题为例）：

　　描述性问题（Descriptive questions）

　　包括开放式问题（例如，告诉我，如果我和你在
你的律师事务所待一天，我会看到什么?）

　　封闭式问题（例如，当一个潜在新客户来你的办
公室见你时，会发生什么?）

　　举例性问题（例如，想想你最近见到的一个潜在
客户，在决定是否接他的案子时，对你来说最重要的
问题是什么?）

　　经验性问题（例如，你能想出一些后来你决定不
应该接的案子吗?）

　　结构性问题（Structural questions）

　　包括验证型问题（例如，有人告诉我，广告会产
生大量的潜在客户，但通过这种方式接到的案子很少
会产生可观的费用。从你的经验来看，这是真的吗?）

　　术语问题［例如，术语"高维护型客户"（high
maintenance client）一词是什么意思?］

　　对比性问题（Contrast questions）

　　包括对比验证问题（例如，我听说决定是否接一
个车祸案件比一个房屋责任案件更容易，对你来说是
这样吗? 如果是，为什么?）

　　直接对比问题（例如，为了决定是否接一个案子，
你是否会将其他类型的案例与车祸案例进行对比?）

二元或三元对比问题（例如，房屋责任案件可能涉及不同类型的业主，是私人住宅、商业住宅更重要，还是政府住宅更重要？如果重要的话，是为什么重要呢？） 44

决定采用哪种问题类型取决于访谈的目的。如果访谈重点是了解某个特定的环境，例如，了解风险代理收费法律实践中的工作，则它们最适用。它们不太适用于针对了解某些事件或一系列事件的访谈。

在半结构化和非结构化这两种访谈类型中，受访者的回答全都可以采用电子方式记录下来，或由访谈人在访谈期间记录下来，访谈期间记录下来的笔记可能会在访谈结束后进行适当扩展。一些非常有经验的访谈人能够在不做笔记（或做少量笔记）的情况下进行访谈，并可以在访谈结束后立即根据他们的记忆写出一份大致的文字记录。

定性访谈的另一个分类标准是访谈人一次只与一名受访者进行访谈，还是与一组受访者进行访谈。后者被称为"焦点小组"（focus group）。焦点小组最初是为市场研究而开发的，但它也可以适用于实证法律研究。焦点小组有一个有趣的特征，即小组环境可能会产生关键的非言语行为。请看以下来自市场调研的例子：

当一家快餐连锁店考虑是否推出卷曲薯条时，连锁店老板与各店经理进行了一系列焦点小组讨论。当经理们被问及他们认为一篮篮被放在经理们围坐的桌子上的卷曲薯条是否会被卖出去时，他们表现得十分怀疑。然而，那些主持焦点小组的人观察到，不管经理们说了什么，但他们一直都在吃着卷曲薯条[13]。

实证法律研究文献与焦点小组有关的研究成果包括 Hendley（2011），Kurkchiyan（2011）和 Hilbink（即将发表）等。

4.2.2.2　观察

45　　与观察性研究有关的一个常见术语是"参与观察"（participant observation）。然而，区分我所称的"参与性观察"（participating observation）和"非参与性观察"（non-participating observation）是很重要的，这两者都包含在"参与观察"的范畴之中。在参与性观察中，研究者将积极地参加到研究环境中，并进行部分或者全部活动。在极端情况下，他可能会成为该研究环境中的完全参与成员。例如，有一位研究法律职业的学者被雇佣成为律师事务所合伙人（Flood 2013）；还有一位对警务感兴趣的研究者在警察学院成为一名宣誓就职的警官（Rubinstein 1973）。有的时候，一个人在一个环境中担任一个角色时，并没有将其看作是一个研究机会，但最终它却变成了一个研究机会。埃里克·欧林·赖特（Erik Olin Wright）的经历就是如此[14]，他在一所基督教合一派的牧师培训学校上学时，成为圣昆廷监狱的一名学生牧师。后来，他将这段经历作为了他的一本关于监狱的书的基础（Wright 1973：55）。人类学和民族志研究所使用的观察方法，往往也属于参与观察的范畴。民族志观察通常会涉及相对长期（数个月，甚至数年）的研究环境，即使研究者没有成为一名完全参与成员，但他们也将不可避免地进行一定程度的参与（Greenhouse 1986）。

在非参与性观察的极端情况下，在法庭或者律师事务所等环境中的研究人员，除了拥有观察员身份外，他们在整个过程中没有任何其他角色。需要注意的是，尽管人们可以清楚地区分完全参与成员和根本没有参与的成员，但在参与性观察和非参与性观察之间并没有明显的界限。例如，约翰·弗洛德（John Flood，1983）研究了英国大律师（barristers）的书记员，他虽然没有参与书记员所做的工作，但他参与了他们的一些社交活动，最突出的事件是他们一同在伦敦法院客栈附近的酒吧里喝啤酒。在我自己对执业律师的观察性研究中（Kritzer 2004b，2006），我在每一项研究中都正式扮演了律师助理的角色，并在我观察的范围内做了一些实际的工作（例如，法律研究、备忘录起草等）。但是，我仍然是一个观察者，而非参与者[15]。

观察会引发一个问题，尤其是在非公共场合，即观察者的存在是否会影响被观察者的行为。当行为在某些方面可能失范时，这是一个需要注意的问题。这被称为"社会期望"（social desirability）效应，指的是被研究者在研究环境中表现出来的行为或反应，往往是他们认为自己应该表现的方式，而不是他们在研究环境之外进行相同活动时的行为方式。社会期望效应可能出现在任何类型的社会科学研究中，这是运用调查研究方法的研究者众所周知的一个问题。

4.3 本章小结

实证法律研究中所使用的数据可以通过多种方式来获得，这一点在本章的讨论中可以清晰地看到。为进行实证法律研究而收集的数据的关键标志是：①数据是系统地搜集到的；②原则上，其他人也能够收集到类似的数据（即数据可复制）。然而，在某些情况下，后一点更多是理论上的提法，在实际的研究中很难达成，特别是当研究涉及独特的事件时，或者获得数据时需要某种形式的特殊访问。重要的是，即使数据收集在理论上可以复制，但事态的发展也可能使复制变得困难。例如，曾经有一段时间，有针对性地通过在线调查来收集数据是相对容易的。然而，随着垃圾邮件的增多，加上点击电子邮件附件和链接而感染计算机病毒的情况越来越普遍，这降低了潜在受访者打开未知来源的电子邮件或点击电子邮件中链接的意愿。另外一个限制了数据收集与数据复制的因素，是负责保护人类受试者的机构审查委员会（institutional review boards，IRBs）对此施加了越来越严格的要求。对于某些类型的研究（例如，在非公共环境中进行观察）和潜在人群的研究（例如，儿童或监狱囚犯）来说，情况尤其如此。这种态势使得对某些类型的数据收集和复制变得非常困难，甚至是不可能。

注　释

〔1〕参见 www. ojjdp. gov/ojstatbb。

〔2〕参见 http://ICPSR. org。

〔3〕参见 https://data-archive. ac. uk。

〔4〕参见 www. marshall. econ. cam. ac. uk/onlineresources/statistics/national-data-archives。

〔5〕参见 https://hraf. yale. edu。

〔6〕外部有效性是指结果是否能推广到其他情境（更大的世界）或不同的样本中；生态效度则特指研究结果是否能推广到更大的世界中。比如，外部有效性的一个例子是大学生模拟陪审团实验的结果是否能推广到非学生或者实际的陪审团中；而生态效度在这个例子中则仅仅指该结果能否推广到实际的陪审团中。

〔7〕这些案件分别是《美国最高法院判例汇编》第 550 卷第 544 页（2007 年）Atlantic Corp. 公司诉 Twombly 案和《美国最高法院判例汇编》第 556 卷第 662 页（2009 年）Ashcroft 诉 Iqbal 案。他们被合称为"Twlqbal"。

〔8〕除美国最高法院外，对这句话中的引用集中在主要负责创建数据库的研究人员的工作中。

〔9〕对于上述四个数据库，请分别参见 http://scdb. wustl. edu，www. songerproject. org/data. html，https://www. umassd. edu/cas/polisci/resources/us-district-court-database，https://dataverse. harvard. edu/dataverse/pbrace，最后访问日期：2020 年 2 月 27 日。

〔10〕我将在本章之后定义什么是"参与性观察"。

〔11〕这绝不是对单个案例研究进行分类的唯一方法，但它提供了一种可供使用的逻辑思维。

〔12〕这两种方法的逻辑可以追溯到约翰·斯图亚特·密尔（John Stuart Mill）于 1843 年出版的著作《逻辑体系》（*A System of Logic*）。

〔13〕我忘了是在哪里听到过这件轶事。

〔14〕埃里克·欧林·赖特（1947—2019）后来转向进行社会学研究，成

为社会学界的重要人物。

〔15〕我作为律师助理的职责是解决保密问题。担任律师助理意味着我受到了律师和客户特权规则的约束，不能透露我在律师与客户互动中观察到或听到的内容。这也意味着，根据律师和客户特权规则，我不能透露我以某种方式记录的文件草稿。

5

方法论：数据分析

数据一旦被收集，实证研究人员就必须理解这些数据，
这可能涉及简单地总结（描述）数据，也可能涉及从样本
推论总体，或者涉及某对关系是否反映了随机模式（random
patterns）以外的情况。虽然有人会认为数据收集和数据分
析是研究中的不同阶段，但是事实并非如此。对于定量数
据，在收集到数据后，可以进行一些初步分析，以确定是
否需要对数据的收集过程进行一些调整。在定性数据方面，
研究人员可能会在收集过程中思考数据中可能存在的模式。
然而，研究人员最终需要返回并系统地分析数据，以确保
模式准确。数据分析的目标，无论是定量分析还是定性分
析，都是模式识别和模式匹配（pattern indentification and
pattern matching）的结合。与定性数据相比，定量数据的分
析有更多的工具可以实现，虽然如此，两者在分析的目标
上基本是相同的。

5.1 定量方法

定量数据统计分析的目标，是对数据进行描述，并从

数据中得出推论。所寻求的推论可能是对总体的描述，也可能是对所分析数据中或某些较大总体中存在的关系性质的阐述。从数据中我们可以发现什么，这取决于样本数据是否包含了所有相关总体，以及样本数据是从相关总体中抽取的随机样本还是非随机样本（nonrandom samples）。

5.1.1 涉及总体的推论

当被问及某一特定雇主的特定类别雇员的薪酬是否存在系统性的性别差异时，这是一个用来说明分析是针对全体员工的好的例子。假设平均而言，男性和女性员工具有相同的教育水平和相同的工作年限，男性的平均收入和女性的平均收入提供了全部与分析相关的信息，并代表了两个群体的总体值（即总体"参数"，population "parameters"）。假设 70 名男性的平均薪酬为 76 577 美元，25 名女性的平均薪酬为 75 223 美元。很明显，两者之间的差距很小，为 1354 美元。然而，在对某一类雇员缺乏非常严格的薪资制度或绝对统一的薪资标准的情况下，得出两组雇员的平均薪资水平是完全相同的结论，事实上是前所未闻的。他们之间几乎总是会存在一些相对较小的差异。接下来的问题是，所观察到的差异的产生原因是否仅仅来自随机过程？

试想一下，你把 95 名员工的薪资分别写在了每张小纸条上，并把他们一起放在帽子里，然后揉动他们。此时，你得到了 70 张黄色纸条和 25 张绿色纸条。请把它们放在第二顶帽子里，随后搅拌它们。然后，你从帽子 1 和帽子 2 中分别抽出一张纸条，把它们钉在一起。你重复了 94 次，直到两顶帽子里的纸条都配对好。然后，你计算了钉在绿色纸条上的薪资平均值（"绿色"平均值）和钉在黄色纸条上的薪资平均值（"黄色"平均值）。请问：你认为绿色平均值和黄色平均值之间的差距大于或等于1354美元的可能性有多大？我们这里所做的就是推断分析，分析在特定类别的员工群体中，所观察到的关于薪资的性别差异纯粹是由随机过程造成的。在这种情况下，我们就可以使用标准的统计推断方法来完成接下来的数据分析。

5.1.2 样本推断（Inference from Samples）

对于随机样本，推断的目标是确定样本并对从中抽取样本的总体进行描述。

继续上面的例子：假设在一个特定的工作类别中有几千名员工，你使用随机数生成器为所抽取的员工分配了一个介于0和100之间的随机数。你根据该随机数对员工列表进行了排序，然后收集了排序列表中前95名员工的薪资和性别数据，从而得到了95名员工的随机样本。结果显示，有70名男性的平均薪资为76 577美元，25名女性的平均薪资为75 223美元，两者之间的差距再次达到1354美元。

第一个可能的问题是：关于总体的平均收入，所收集到的样本能告诉你什么？这个问题可能纯粹是描述性的，比如：考虑到整体样本的平均薪资为76 221美元[1]，那么该类别中所有员工的平均薪资应该是多少？下文所讨论的标准统计技术显示，给定随机样本的总平均值的最佳单次估值是76 221美元。我们还可以预估一个"误差范围"，即

50

所谓的"置信区间"或"估计区间"，这就给出了一个范围，在该范围内，真实的总体值会随着设定的某个概率下降。在已经发表的调查报告中，人们通常会看到"误差范围"是正负几个百分点。例如，如果报告百分比为43%，误差范围为±3个百分点，那就意味着在40%到46%的范围内有95%的概率包含真实的总体值。几乎所有关于误差范围的新闻报道都依赖于统计学家所说的95%置信区间或95%估计区间。

你需要回答的核心问题是，收集到的样本是否能提供足够的证据，来证明总体中男性的平均薪资高于女性的平均薪资。即使总体没有差异，并且假设男性和女性在可能影响薪资的方面没有差异（例如，担任该职位的年限），人们也期望在样本中看到一些差异。任何"抽样"差异都会随着样本量的减少而增加。这个推论问题可以用两种方式来表述。首先，如果实际上男女总体平均薪资没有差异，那么人们看到差异大于或等于1354美元的概率是多少？或者，薪资差异的估计区间是多少，区间是否包括0？在统计分析方面，这两种提问方式的效果是相同的，尽管答案的表达方式会有所不同。

如果我们放弃这样一个假设，即男性和女性之间在可能影响薪资的因素上没有差异（例如，担任该职位的年限），我们就可以运用统计方法来"控制"这些因素的差异，并推断是否有基于性别的薪资差异。所涉及的分析类型通常是某种形式的回归分析，我将在本章后面进行讨论。最近的研究发展催生出第二种策略，即可以根据相关因素（例如，担任该职位的年限）对案例进行配对，然后考察所配对的案例是否存在系统性差异。

5.1.3　样本类型

上面的例子涉及统计学家所说的"简单随机样本"（simple random sample），这意味着总体中的每个成员都有相等的概率被包含在样本中。有些形式的随机样本不同于简单随机样本[2]。其中一种样本类型是分层随机样本（stratified random sample），我们可以将其视为两个或者多个简单随机样本的组合。例如，如果我不是从 70 名男性和 25 名女性的总体中抽取一个样本，而是将总体分为男性和女性，从男性中抽取 70 名，从女性中抽取 25 名，那么我使用的就是分层随机样本。当我们对总体中的一个小子集感兴趣时，我们通常会使用分层随机样本。例如，如果研究者的目标是对基于种族的薪酬是否存在差异，但非白种人只占就业类别的 5% 时，那么他可能会希望基于种族进行分层，以确保整个样本中有足够的非白种人来进行有意义的分析。从技术上讲，对于分层随机样本，通常需要在统计推断过程中进行一些调整，尽管调整后通常效果甚微。

与简单随机样本不同的第二类随机样本是聚类样本（cluster sample）。当人口分散在一个较大的地理区域内，且必须在人口所在地收集数据时，收集这种类型的样本通常是有用的。这一点在面对面调查中最为明显，但至少在美国，随着电话和在线调查的使用，面对面调查已经变得相对罕见。在面对面调查中，地理区域（例如，一个国家）被划分为若干"主要抽样单元"（primary sampling units, PSUs），然后随机选择"主要抽样单元"样本。随后,将每个选定的"主要抽样单元"划分为更小的地理单元(例如,选区或街区),然后在二级单元中抽取随机样本。最后,在每个较小的单元内,随机抽取个人或家庭样本进行访谈。以上例子所展示的是一个多级聚类样本(multi-stage duster sample)[3]。

在实证法律研究中使用聚类样本的一个例子是美国司法部、司法统计局(Bureau of Justice Statistics,BJS)对州民事案件审判结果的研究。之所以使用聚类样本,是因为数据必须在遍布全国的地方法院收集。该研究中四项中的三项是基于全国 75 个最大县中的随机样本进行的。2001年,该研究根据民事数据将 75 个县分为了五个阶层,并在每个阶层中再选择县作为随机样本。在所有县中,有两个县除外,所有达成民事判决的案件都是用其余两个县(库克和费城)类似案件的随机样本进行编码的,原因是此类案件的数量过多(Cohen and Smith 2004:11-12)。该研究系列的最后一个研究涵盖了 2005 年结束的实验,样本扩展到 3045 个县(或相当于县)中的 110 个县,其中不包括 75 个人口大县。与 75 个人口大县的样本一样,该研究生成了各县的分层聚类样本,并对这 110 个县达成判决的民事案件进行了编码(Langton and Cohen 2008:11)。

由于应用概率论来生成统计数据(如置信区间)所需的信息十分复杂,聚类样本可能会给数据处理带来复杂的问题(Kish 1965:148-78)。一般来说,聚类抽样产生的置信区间会比简单随机抽样或基于一组简单随机抽样的分层抽样更宽。或许我们可以简单地增加置信区间的宽度,或者增加

相关的基本统计数据［所谓的"标准误差"（standrad er- 53
ror）］，也许可以增加两倍，甚至三倍。高速计算使第二种
方法成为可能，即通过一种被称为"自举"（bootstrapping）
的模拟方法来获得所需的信息（Mooney and Duval 1993）。

那么，非随机样本一般是怎么处理的？在实践中，研
究人员经常进行统计分析，但是这些样本并不是从相关总
体中随机选择的。这类样本通常是一组便于访问的观测值。
例如，如果我对联邦民事案件中少数族裔原告是否比非少
数族裔原告表现更差这一现象感兴趣，我可以去明尼苏达
州圣保罗市的联邦法院，去寻找一份过去五年中所有民事
陪审团审判的清单，然后随机选择一个案件样本，并对判
决书中的信息进行编码，从而产生一组数据用于分析。需
要注意的是，这绝不是对过去五年中联邦民事陪审团裁决
的随机抽样。数据可能会告诉我少数族裔地位与民事陪审
团裁决之间的关系，但我不能使用标准的统计推断工具来
得出关于整个国家的结论，我也不知道可能发现的模式在
五年之前是否可行，或者在未来是否可行。我会使用统计
推理技术，但这仅仅只能作为参考，而不能用于提供明确
的证据。也就是说，说统计方法没有用或不相关的说法是
不正确的，但人们必须谨慎地使用这种方法。

5.1.4 假设检验

数据分析的一个关键步骤是假设检验，无论使用的数
据是定量的是定性的。对于定量数据，最常见的假设检验
方法是所谓的频率派推理（frequentist inference）或"零假

设显著性检验"（null hypothesis significance testing，NHST）。在这种假设检验方法中，人们首先会陈述零假设，例如"女性与男性的平均薪酬没有差异"。零假设通常用符号表示，在这个例子中，用符号可以表示为 $H_0: C_W = C_M$，或者 $H_0: C_W - C_M = 0$。零假设的优点是它可以被精确地表述。比如在上例中，我们可以表述为男性和女性的平均薪酬差异为 0 美元。若该零假设确实成立，那么在涉及概率计算的假设检验中，我们会看到差额将等于或大于 1354 美元。换言之，如果男性和女性的平均薪酬是相同的，那么我们看到一个与我们所观察到的结果一样大或更大的差距的概率是多少？若该概率低于某个阈值，通常是 0.05（百分之五）或 0.01（百分之一），我们将拒绝零假设，并得出备选假设为真的结论。如果概率没有达到拒绝零假设的阈值，我们就不能去拒绝零假设。这并不意味着零假设是真的，只是任何差异都无法通过我们应用的统计检验来辨别。通常，更大的样本数量将增加拒绝零假设的可能性。这种可能性也会随着替代方案强度（即基本薪酬差距的大小）的增加而增加。

5.1.5　测量的层次（Level of Measurement）

所测量的变量有三大类别或层次。第一种是定性的或名义上的。当变量属于一组相互排斥的类别，且没有明确的顺序时就属于这一种，例如，宗教、职业、出生状态、婚姻状况。只有两个相互排斥类别的名义变量（nominal variables）是二分类变量（标准的例子是性别）。任何名义变量都可以通过标记一个类别（比如白色），然后将其他所有类别合并为非白色来重新表述。第二种是有序变量（ordinal variables），该变量可以被测量。变量值可以被排序，即使特定的值之间在排序之外并无数学关系。一个常见的例子是被调查问题的答案顺序分为了"最重要""非常重要""重要""稍微重要"和"不重要"，尽管研究人员可能会给这些答案分配从 5 到 1 的值，就好像它们反映了基数值（即描述了反映数量或量级的实际值）一样，但实际上它们只反映了一种顺序。日常生活中的例子包括在学校的班级排名、在体育联赛中的球队排名以及将犯罪定性为简易犯罪、轻罪和重罪等。区间变量是第三种测量层次，指的是两个观测值之间间隔的变量，它可以在数学上与其他观测值之间的间隔进行比较。比如，以华氏或摄氏度为单位进行测量的温度就是一种区间变量。具有真零值（true zero value，即真正的极限值）的区间变量是一种特殊形式，被称为"比率变量"，这意味着两个观测值的比率具有意义。在前面的示例中所使用的变量——薪资，如果以美元或者以其他货币来衡量，则是一个比率变量。区间变量之间的另一个区别，尤其是比率变量之间，是离散变量和连续变量之间的区别。离散变量仅能以整数表示，而连续变量在理论上可以以无限可分的方式来测量，如一年中的杀人案数量是一个离散变量，而刑期的长度是一个连续变量，尽管它通常可以用天、月或年来表示。

5.1.6 单变量描述（Univariate Description）

统计学中存在单个变量（单变量），两个变量之间的关系（二元）与三个或更多变量之间的关系（多元）。在后一种情况下，关注的通常是单个"因变量"（dependent variable）与多个"自变量"［predictor（indepentent variable）］之间的关系。区间变量的单变量统计包括集中趋势的度量（算术平均值通常被称为"平均值"），变量或离差的度量（标准差或四分位差），以及描述变量分布形状的度量（偏态或峰度）。[4]变量分布是指变量可取的一组数值以及每个数值或每组数值出现的频率。这些信息通常以图表的形式呈现，下面将就此给出示例。就有序变量而言，既可以使用集中趋势，也可以使用离差。然而，对于像班级排名这样均匀分布的变量，其平均值和标准差都是最小值和最大值的简单函数。因此，对于这类变量，后两个统计量是最好的总结。对于具有少量有序类别的有序变量（例如，上文提到的从"最重要"到"不重要"的例子），简单的频率或百分比分布——一张列出每个值以及具有该值的观测次数或百分比的表——能够提供最多的信息。通过百分比分布就可以很容易地计算出集中趋势和离差（Blalock 1979：61-66，83）。对于名义变量而言，虽然也可以进行模态（最频繁）类别报告，但主要的描述性统计还是频率和百分比分布[5]。

有一系列图形工具可以为单变量统计提供描述性信息。包括直方图（一种用于描述连续变量频率分布（frequency distribution）的条形图）、简单条形图和饼状图，这些都可以形象地展示变量分布。图 5.1 展示了这些图形的样子。

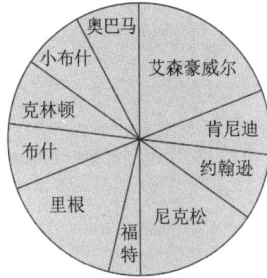

（a）饼状图举例：
总统任命的最高法院大法官人数

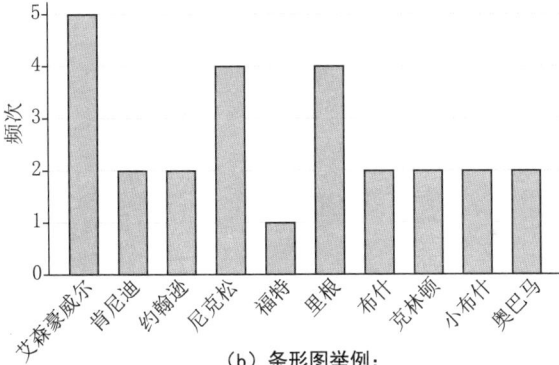

（b）条形图举例：
总统任命的最高法院大法官人数

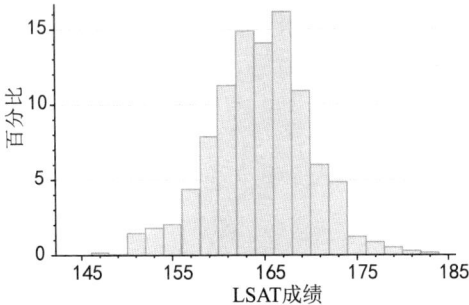

（c）直方图举例：LSAT成绩分布

图5.1 单变量统计图示例

5.1.7 单变量推断（Univariate Inference）

57　　在某些情况下，人们可能需要对单个变量进行推断，推断的方法要么是通过在样本估计（sample estimate）周围放置一个置信区间（误差范围），要么是通过将样本估计与假设值或分布（hypothetical value or distribution）进行比较。通常，单个变量的置信区间会涉及变量的平均值或比率（a variable mean or a proportion）[6]。这两种情况都建立在中心极限定理（central limit theorem）的基础上，该定理指出，随着样本量变得无限"大"，从随机样本中得出的统计数据将具有接近正态（钟形）分布［normal（bellshaped）distribution］的"抽样分布"（sampling distribution）形态。抽样分布的思想是，如果一个人从一个总体中抽取许多重复样本并计算出一个统计量（statistic），该统计量会发生变化，从而形成该统计量的"抽样分布"。图5.2（a）显示了一个抽样分布，该抽样使用从858名进入中西部前20名法学院的学生中抽取的50个LSAT分数作为变量，该抽样持续了三年[7]。这858名学生的平均分数为164，标准差为5.5。这种抽样分布是通过从总体中抽取50个LSAT的分数样本，计算每个样本的平均值，并将结果绘制在直方图中，以显示出正态曲线的分布。

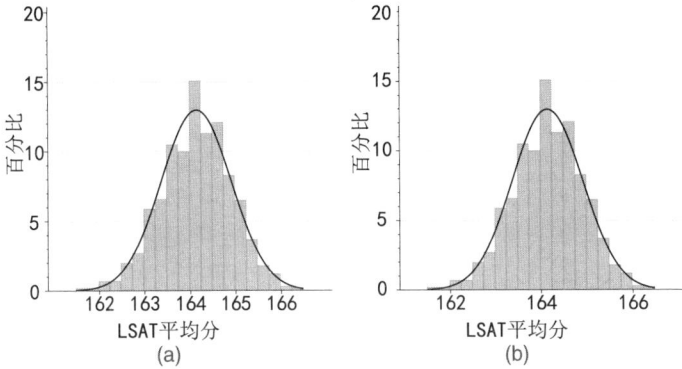

图 5.2 抽样分布

对于具有正态分布的统计数值，抽样分布的平均值会等 58
于真实的总体参数（true population parameter），且在 100 个
样本中大约有 95 个样本的统计数值将落在真实总体平均值的
两个标准差之内。抽样分布的标准差通常被称为抽样分布的
"标准误差"。抽样分布的标准误差是变量本身的标准差和样
本量（平方根）的函数。因此，误差范围会随着样本量的增
加而减小。图 5.2（b）显示了使用 100 而不是 50 作为样本
容量的抽样分布。大样本可以得到更严格的结论，一个重要
原因是，如果一个人使用的是 95% 的误差范围，那么在 20
个样本中，总会有一个样本的实际总体平均值（actual popu-
lation mean）将超出误差范围。图 5.3 正说明了这一点，它
显示了由我的计算机软件生成的图 5.2（a）中前 20 个样本
的估计区间/误差范围。点表示样本的平均值，垂直线表示误
差范围，水平线表示真实总体平均值。正如人们所料，在 20
个样本中的一个（样本数 4），其总体平均值超出了误差范围。

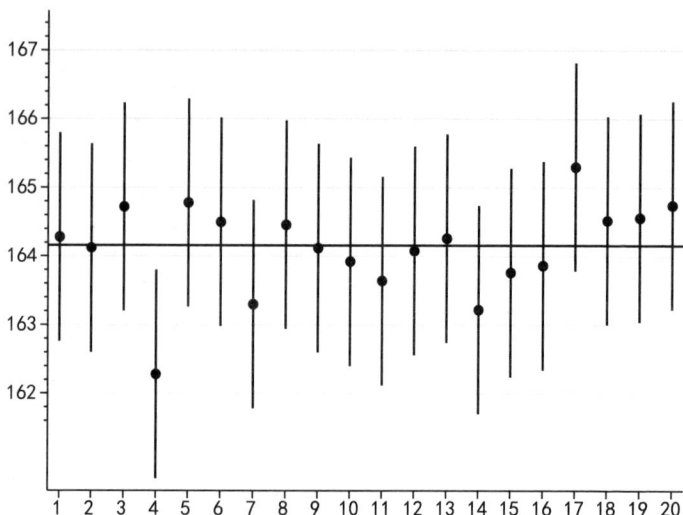

图5.3　95%置信区间

当已知总体的有关信息（即已知"总体参数"）时，这时候可能需要与假设数据进行比较。需要特别注意的是，所观察到的样本是否可以在某个变量上代表该总体。例如，有研究者对一个州的家庭进行了电话调查，以了解居民发生民事法律纠纷的频率（即法律需求调查）。从税收数据中，你可以掌握该州的平均家庭收入，此时你想评估收集到的样本在收入方面是否能够代表整个州；在另外一些例子中，假设值可以事先确定。比如你想从事一项调查，以确定在伊利诺伊州竞选留任的法官是否有可能被留任。实践中，要在伊利诺伊州留任，现任法官必须获得60%的赞成票。你的调查显示出61%的人支持了留任，你此刻可能很想知道是否应该笃定地对现任者作出积极的结果预测。对这两

59

个例子进行检验的方法包括单样本 t 检验（single-sample t-test）和单样本比例（Z）检验［single-sample proportions (Z) test］。还有一些测试将整个频率分布与假设分布（hypothetical distribution）进行比较，这种测试就是"拟合优度"测试（"goodness-of-fit" test）。

5.1.8 双变量分析（Bivariate Analysis）

双变量描述统计涉及了两个变量之间的关系，例如性别和薪酬的关系。二元回归的具体分析方法取决于两个变量的测量层次（level of measurement）。表 5.1 说明了这一点。在该表中，我试图将列定义为因变量（即预测或试图解释的变量），将行定义为自变量。

表 5.1 展示了三种不同的关系测试方法。第一种方法是推导单个值（deriving a single value），例如计算两个平均值间的差异，两个比例之间的差异，或具有已知抽样分布（通常为正态分布）的回归斜率系数（regression slope coefficient，下文将进一步讨论），然后进行检验，以查看观察值是否与原假设值（通常为零假设值）不同。第二种方法是将观察到的二元分布（observed bivariate distribution）与假设（零假设）分布进行比较。在表 5.1 中列出的卡方检验（chi square，列联表）中，零假设是这两个变量在统计上是独立的[8]，如果这两个变量实际上在统计上是独立的，那么假设分布就是预期的分布。第三种方法提出了一个问题，即知道自变量后是否会提高预测因变量的能力呢？这本质上来说是方差分析（analysis of variance）的基础，即

60

比较不知道自变量情况下的预测误差量［用因变量的简单平均值作为预测值的平方误差（squared error）之和］和知道自变量情况下的预测误差量。重要的是，表5.1中显示的几个测试是密切相关的，应该能够产生相同的结果。具体而言，双样本 t 检验（two-sample t-test）和单向方差分析也可以视为一种回归分析，在这种分析中，自变量被简单地编码为一个或多个变量，取值为 1 或 0［被称为"虚拟变量"（dummy variables）］。

表 5.1　双变量检验

		因变量			
		二分类	名　义	有　序	区　间
自变量	二分类	比例差检验	卡方检验（列联表）	曼-惠特尼 U 检验	双样本 t 检验
	名　义	卡方检验（列联表）	卡方检验（列联表）	克鲁斯卡尔-沃利斯检验	单向方差分析
	有　序			相关系数法（皮尔逊或肯德尔检验）	
	区　间	逻辑回归	多项回归	有序回归	简单回归或积矩相关

鉴于回归分析及其衍生工具在许多定量研究中的中心地位，掌握它所包含的基本思想是很重要的。具体来说，简单线性回归是从观察值图（plot of observed values）开始的，因变量在垂直轴或 Y 轴上，自变量在水平轴或 X 轴上，这种图表被称为"散点图"（scatterplot）。以美国最高法院法官在裁判案件时受其意识形态影响这一研究问题为例。图 5.4

（a）显示了一个"散点图"，该图使用的是 1953 年至 1988 年从艾森豪威尔总统直至里根担任总统期间，由总统任命的大法官对公民自由案件裁决的公开数据（Segal and Cover 1989：560）。其中的每一点代表了一位法官[9]。纵轴是大法官在公民自由案件中支持"自由派"立场的百分比，横轴是衡量大法官意识形态的指标，其依据是从总统提名大法官的日期到参议院确认提名的日期之间的报纸社论。

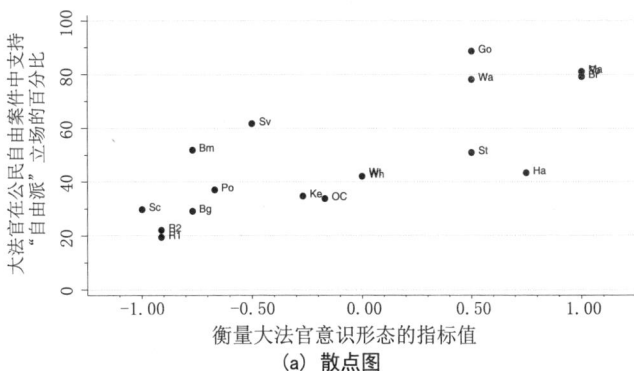

（a）散点图

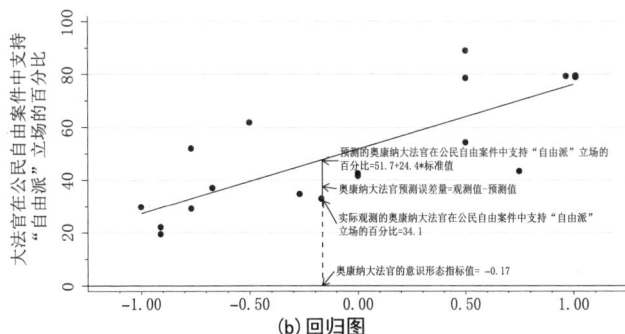

（b）回归图

图 5.4　最高法院法官的意识形态和公民自由投票，1953—1988 年

注：每个黑点代表不同的大法官。

简单线性回归分析的目标，是将"最佳"直线拟合到点的集合上。完成此操作的标准方法是找到观察点与直线之间垂直距离平方和最小的直线。如果把这些平方差（squared differences）视为对误差的度量，那么这条线计算出的平方误差是最小的。因此，这种拟合直线的方法也被称为"最小二乘法"（least squares）。图 5.4（b）显示了一条拟合线（fitted line）以及通过"最小二乘法"最小化误差的例子。

拟合线描述了自变量和因变量之间的关系，即自变量每变化一个单位，因变量的变化量。在图 5.4（b）所示的例子中，意识形态从保守派向自由派每转变 1 个百分点，自由派的得票率就会增加 24.4 个百分点。此外，标准皮尔逊积矩相关系数的平方（square of the standard Pearson product moment correlation）为预测误差（predictive error，观测值和预测值之差的平方）的比例缩减提供了一种度量，即在预测每个观测值等于自由总体平均百分比（50.7%）的情况下使用回归线与平方误差进行比较。在这个例子中，误差减少了 62.1%[10]。

图 5.4 中所示的散点图是表示两个区间水平变量（interval level variables）之间关系的标准图形。有时，实际的点（actual dots）被省略了，只显示了线，有时则通过添加误差条或误差带（error bars or error bands）来增强线条，以显示自变量在特定值下的预测的不确定性。在处理名义自变量（nominal predictor）和区间因变量（interval dependent variable）时，可以使用一系列图形直观显示因变量在自变量所定义的组中的集中趋势［平均值或者中位数（median）]。图 5.5 提供了三种图形的示例：条形图、箱形图和点状图（bar graphs，box plots and dot plots）。

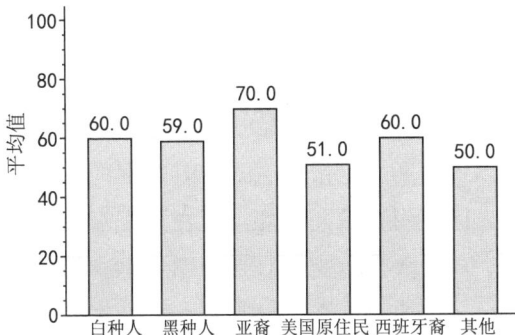

(a) 条形图举例：针对美国最高法院的感觉温度计

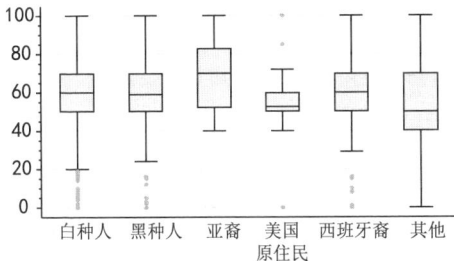

(b) 箱形图举例：针对美国最高法院的感觉温度计

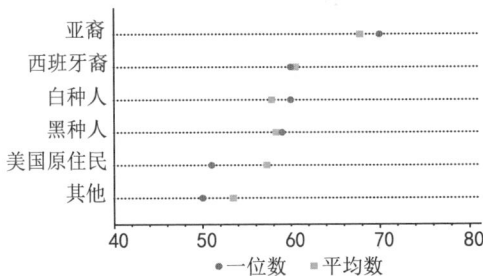

(c) 点状图举例：针对美国最高法院的感觉温度计

图 5.5 双变量图，包括一个名义变量和一个区间变量

条形图将平均值表示为柱的高度，它可能带有一个误差条，来指示标准差或标准误差。在箱形图中，方框两端表示第一和第三个四分位数（quartiles），中位数由方框内的线表示。从框中延伸出来的线，即须（whiskers），可以表示各种各样的东西，包括其他百分位数（例如，第10位和第90位、第5位和第95位、第2位和第98位）、平均数以上和以下的两个标准差，或所有数据的最小值和最大值。除了之后使用到的须以外，落在须末端的值可以用单个点表示。对于大量的类别，点状图特别有用。这些类别可以根据因变量的汇总值进行排序，汇总值可以是平均值，也可以是某种类型的比率，如果因变量是二分的，则可以是百分比。点状图的另一个特点是，它可以显示多个统计数据，并且可以在两个不同的时间段内显示相同的统计数据。图5.5中的点状图同时显示了平均值和中位数。

图5.5使用2016年美国全国大选研究中获得的对美国最高法院的态度作为因变量。这种测量方法被称为"感觉温度计"（feeling thermometer）。为了获得感觉温度计的分数，受访者被要求在0~100分的范围内评价他们对候选人、团体或者机构的感觉，0表示非常冷，100表示非常热。如果访谈是面对面进行的（也有可能是在线进行的），在提问时会给受访者看一张温度计的图片。这张简单的条形图仅仅显示了根据受访者种族定义的各组之间平均感觉温度计得分的变化。然而，箱形图显示的内容相比而言更加丰富，它可以显示中位数、四分位数和一些被称为"异常值"（outliers）的极端反应。图中的点状图显示了按感觉

温度计评分的中位数排序的组，它还显示了平均分数。此外，如上所述，点状图还可以显示大量的类别（例如，州），如图 5.6 所示。

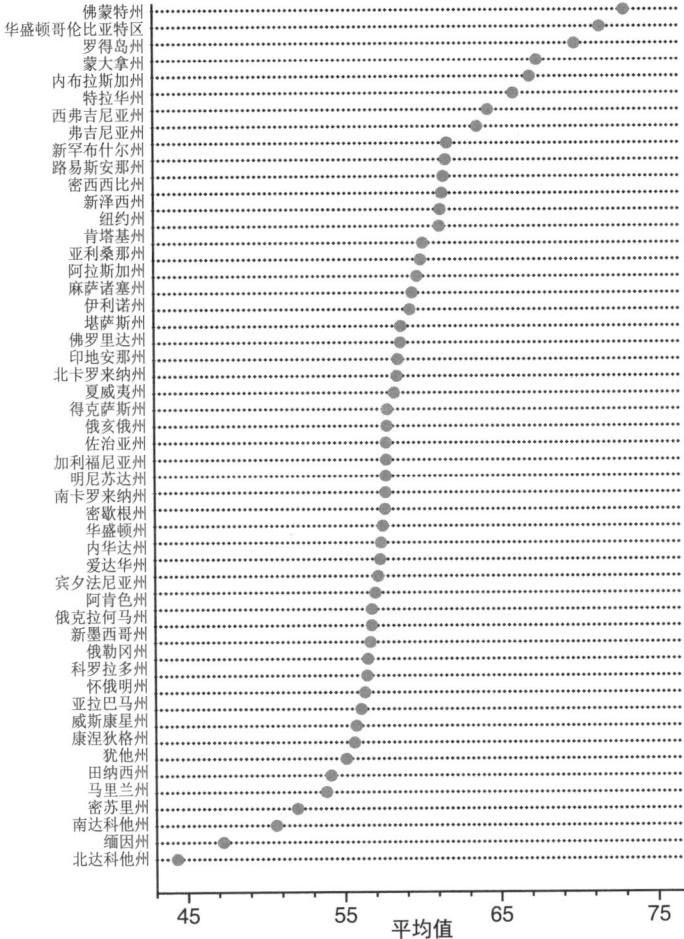

图 5.6 具有多个类别的点状图：针对美国最高法院的感觉温度计

64 　　如果两个变量都是名义变量（类别）怎么办？在这种情况下，人们可以使用多个饼状图，每个类别对应一个假定的自变量。一个更好的选择是使用堆叠条形图。图 5.7（a）和图 5.7（b）显示了两个版本，一张图反映的是频率分布，另一张图显示的则是相同变量的百分比（相对）分布。自变量是受访者自我报告的意识形态，因变量是对一个问题的回答："在挑选最高法院法官候选人时，应该在多大程度上考虑被提名人在争议问题上可能使用的投票方式？"与一大组单独的饼状图相比，堆叠条形图的并排形式

65 可以更好地显示出各组之间的差异。图 5.7（c）显示了如何通过对区间变量（在本例中为美国最高法院的感觉温度计）进行分组，我们可以用堆叠条形图来显示区间变量是如何预测名义变量的，这里的名义变量与图中其他面板中的名义变量相同。在本例中，区间变量被折叠成一组有序的类别。

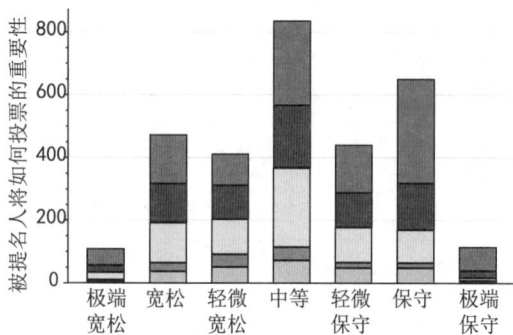

(a) 频率分布

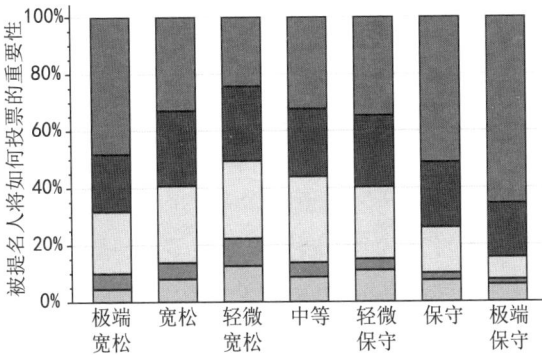

(b) 百分比分布

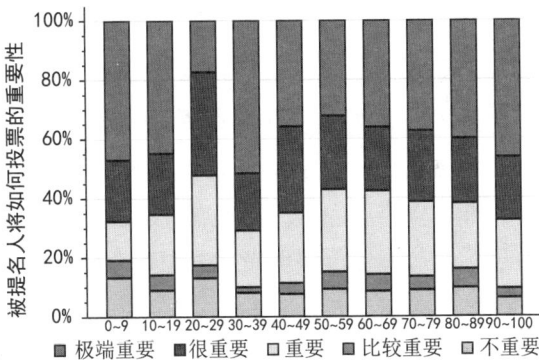

■ 极端重要 ■ 很重要 □ 重要 ■ 比较重要 □ 不重要

(c) 将美国最高法院温度计作为自变量

图5.7 名义因变量的堆叠条形图

　　如表5.1所示，有一些回归变量可以与名义因变量一起使用：二分类因变量的逻辑回归和三个或更多类别的名义因变量的多项回归分析。这些线性回归的变量并不能预测因变量的实际值或类别，而是能够预测因变量落入特定类别的概率。正如下文将要讨论的那样，回归分析还有许多其他变种。

5.1.9　三个或更多变量

当一项研究中有三个或更多变量，且其中一个变量是你想要预测的结果（因变量）时，这种情况下有哪些分析方案呢？现在我们先考虑有两个自变量的情况，因为这种方法可以用于研究三个、四个甚至更多自变量的情况。

我们可以很容易地构建表格，来显示具有两个自变量的因变量汇总值。通常，我们会将一个自变量定义为行，另一个自变量定义为列，单元格里则包含一个类别中观察值的平均值、中位数和百分比。例如，我们可以生成一个表格，来展示对美国最高法院平均感觉温度计的得分，并按照种族和性别（例如，白种人女性、亚洲男性等）划分类别。对于那些认为最高法院被提名人在法院审理的案件中如何投票非常重要的人的比例，也可以进行类似的细分。如图5.8所示，人们也可以生成显示这类关系的图形。

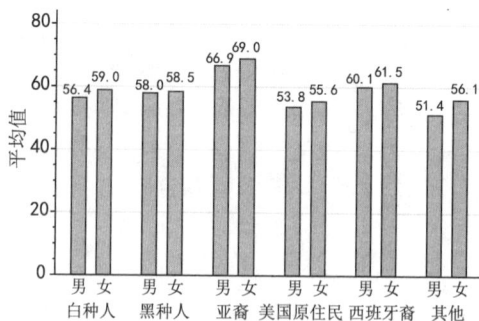

(a)条形图举例：
针对美国最高法院的感觉温度计

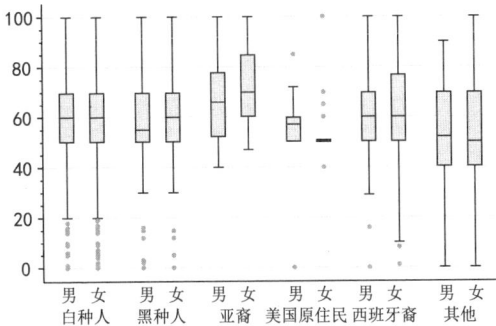

(b) 箱形图举例：针对美国最高法院的感觉温度计

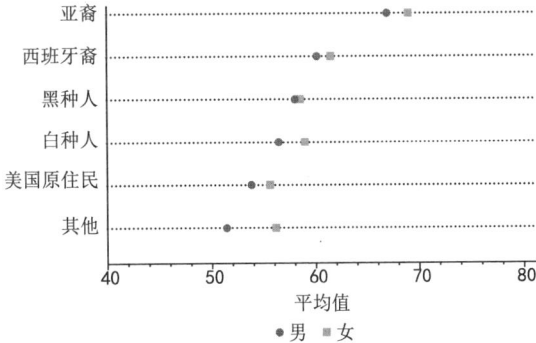

(c) 点状图举例：针对美国最高法院的感觉温度计

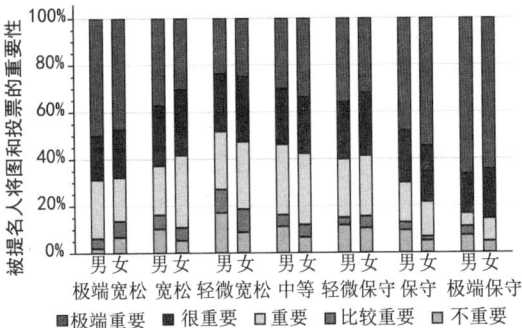

(d) 堆叠条形图举例：被提名人将如何投票的重要性

图 5.8　有两个自变量的图形

67　　　　具有两个或多个自变量的主要推断方法涉及各种形式的回归分析。针对三个自变量的线性回归分析思想容易理解和可视化。对于单个自变量，我们可以在二维空间中拟合成一条直线。对于两个自变量，我们可以在三维空间中拟合成一个平面，如图5.9所示。其中实心圆代表观察值，空心圆代表预测值，所有的这些值都落在了拟合平面上，以使平方误差最小（实心圆和空心圆之间距离的平方）。一旦我们使用了两个以上的自变量，可视化将会变得很困难，因为我们不习惯在图5.9所示的三个以上维度中进行可视化，尽管分析的原理是一样的[11]。

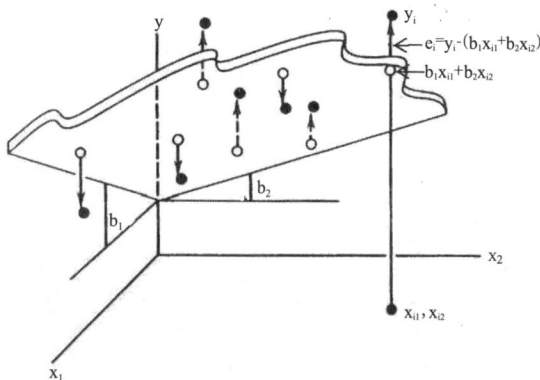

图5.9　具有两个自变量的线性回归

　　根据一组观察到的点来拟合成一条线或者一个面，这种回归拟合的基本思想可以推广到各种情况。比如线条不必是直的，表面也不必是"平的"。例如，在我的一个研究项目中，我研究了律师在民事案件中投入的精力（投入时

间）情况。我发现他们在案件中投入的精力会随着标的金
额的增加而增加，但这种关系并不是线性的（即用直线表
示）。一个合理的替代方案是，投入精力的程度会随着标的
金额平方根的增加而增加（Kritzer 1990：114，119）[12]。
图 5.10（a）的右侧面板显示了投入精力的程度和标的金
额平方根之间的线性关系，图 5.10（b）则显示了在不考
虑平方根时两个变量呈非线性关系的样子。

68

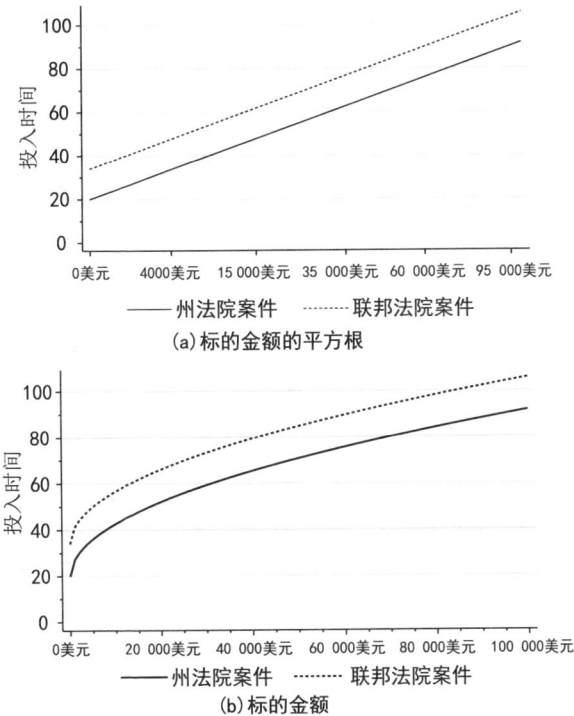

(a)标的金额的平方根

(b)标的金额

图 5.10　在州和联邦民事案件中投入的精力

图 5.10 还阐释了"虚拟变量"的概念,虚拟变量是在回归方程之中表示名义变量的一种方法。对于二分类变量,如性别,可以把其中一个类别赋值为 1,另一个赋值为 0。对于具有两个以上类别的名义变量,可以把其中一个变量视为基本类别,并为其余每个类别创建一个单独的虚拟变量。例如,对于图 5.5 所示的 6 个种族类别,我们可以将"白种人"作为基本类别,然后创建 5 个虚拟变量:黑种人(1 表示黑种人,0 表示非黑种人)、亚裔(1 表示亚裔,0 表示非亚裔)等。对于二分类变量,哪一个类别被当作基本类别,或者哪一个类别被编码为 1 和 0,完全是任意的。编码之后我们再将这些虚拟变量添加到回归方程中,并为每个类别生成单独的线(或平面)。通常,这些单独的线(或平面)是平行的。图 5.10 显示了按小时收费的律师在诉讼中所花费时间与标的金额的关系,研究中增加了州法院与联邦法院的虚拟变量。如前所述,工时和工作量之间的关系是非线性的。因此,图 5.10(a)显示的是小时数和标的金额平方根之间的关系。如图 5.10(a)所示,有两条平行线,其表明了律师在联邦法院案件中投入的精力是大于州法院案件的[13]。

拟合过程无需以误差最小化(error minimization)为基础,该过程可以进行多个方程的联合估计。[14]其中一个多方程模型就是"选择"模型("selection" model),一个很好的例子就是对量刑决策建模。如果关注点是监禁刑期的长度,那么仅对决策进行建模,而不将监禁期设置为 0 或者只对那些被判入狱的人进行估计,就会产生有问题的

69

（统计学上的"偏差"）估值。[15] 更好的方法是估计一个模型，该模型既包括监禁的决定，也包括被监禁者的监禁时间长短（Peterson and Hagan 1984）。[16] 其他多方程模型（multi-equation models）可以是方程的"系统"，其中一些方程中的因变量可以成为其他方程中的自变量。在方程组中产生的变量被标记为内生变量，而不在方程组内部引起的变量被标记为外生变量。

本节的讨论仅涉及了使用统计程序所做的研究。尽管如此，它为理解后续章节中有关统计结果的讨论提供了足够多的背景知识。正如本章开头所提到的，我所讨论的关于统计方法的思考方式关键在于，分析定量数据的目标是用于检测模式，是确定观测数据中的模式是否与基于理论的或基于预期的模式相一致。

一个特别需要注意的情况是因果推断问题。回归模型会给人一种潜在的印象，即自变量必然会导致因变量。然而，对因果关系进行推断比构建简单拟合回归模型复杂得多。拟合回归时第一个可能出现的问题是存在虚假的因果关系。当自变量和因变量都由第三个变量引起时，就会出现这种情况[17]。在没有考虑第三个变量的情况下，拟合回归就很可能会使因变量看起来是自由变量引起的。一个经常被引用的例子是"一个地区的教堂越多，那么该区域内的谋杀案就越多"。然而，教堂并不会引起谋杀案。真相是，教堂的数量和谋杀案的数量都会随着人口密度的增加而增加。拟合回归的第二个问题则涉及内生变量，内生变量指的是在统计模型中存在与其他变量具有因果关系的变

70

量，包括两个变量相互产生因果效应或存在反馈效应的情况。内生变量的一个例子涉及研究诉讼程序的快慢。诉讼需要多长时间的一个潜在预测因素是裁判者所裁判的案件数量，但存在一个问题，即如果案件处理得很快，可能会鼓励人们提起更多案件，从而减慢处理速度。这类似于公路通行能力的扩大，公路通行能力的扩大将大大提高交通流量，这反而违背了扩建的目的。回归分析往往不会对因果关系进行有效估计，有关于此的经典例子来自经济学，即估计价格对供给量和需求量的影响。虽然供应量是随着价格的上升而增加的，但需求量却是随着价格的上升而下降的。在这些变化过程中，我们能观察到的只有价格和数量两个变量，因此我们需要额外的信息来估计价格和供应之间的因果关系，且需要额外的信息来估计价格和需求之间的关系。

5.2　定性方法

71　　分析定性数据的方法侧重于识别和验证模式。用于分析定性数据的工具虽然不像用于分析定量数据的工具那样形式化，但二者的最终目标仍然存在着共性。

　　定性分析通常是基于文本材料的，文本材料包括访谈笔录与观察笔记（fieldnotes，田野笔记），或两者的某种结合。笔录可以根据各种访谈笔记来进行重构，但是不一定要按照录音逐字逐句记录；当然，也有可能直接从录音中完成编码，无需进行任何转录；定性分析也可以基于视觉材料来进行，如电影（McCann and Haltom 2008；Sarat, Chan, Cole, Lang, Schcolnik, Sidhu, and Siegel 2014），录像（Slotnick and Segal 1998：89-188），各种类型的静态图像（Young 2014；Holm 2014：5），或其他视觉表现形式。

5.2.1 编码（coding）

定性分析的第一步被称为"编码"。这个过程意味着要将类别或标签应用于数据单元。对于文本材料，数据单元可以像单个单词一样精细，但更常见的表现形式是句子、段落、对话和问答等。对于视频材料，数据单元可以由时间单元、场景或其他东西来定义。编码方法既可以根据理论或具体问题先验制定，也可以通过归纳过程制定（参见下文中扎根理论的部分）。

一旦设定了编码方案，它将会被应用到数据单元上。我在 20 世纪 80 年代早期做过一项研究，其中一个例子在第 3 章中提到过，这项研究的具体方法是在多伦多对公司高层和公司聘请的律师的访谈进行编码。我没有记录访谈内容，但在访谈后用速记簿做了详细的笔记。研究分析的第一步是翻阅我的笔记，标记感兴趣的语句。这些语句将作为我的数据单元。接下来，我把每一份标记过的语句复制到一张 3 厘米乘以 5 厘米的纸片上，并记下访谈号码和受访者类型。然后，我根据之前所定义的类别（例如，费用、律师与客户关系、律师与客户冲突事件等），将纸条重新归类。根据这些纸条上的内容，我能够框定出一篇关于律师与客户关系文章的关键模式（Kritzer 1984a）。此后，

72

我做了一个全新的排序，以确定模式，这个模式成为关于加拿大律师费用安排和费用转移（fee arrangements and fee shifting）文章的基础（Kritzer 1984b）。

如今，有一些软件包可以简化编码过程，并自动进行分析与排序。学者常用的两个软件包是 NVivo 和 ATLAS. ti。这类软件有导入文本、定义数据单元、创建编码方案、将代码附加到数据单元、检查代码中的模式等功能。根据软件的不同，将代码附加到数据单元的编码部分，可以通过搜索程序实现部分自动化。

5.2.2 扎根理论（Grounded Theory）

在我所阐述的安大略研究（Ontario study）中，在开始编码之前我就基本上确定了要分析的类别。还有另外一种截然不同的确定类别的方法，即归纳的方法（induction）：从数据开始，根据数据开发编码方案，而不是对数据强加编码方案。格拉泽（Glaser）和施特劳斯（Strauss）（1967）将这种方法称为"扎根理论"，我认为"扎根理论"是建立在数据之上的。在这种方法中，有几个编码阶段（Strauss 1987：55-78）。

第一步是"开放性编码"（open coding），这一步骤涉及对文本中单个术语或短语进行仔细理解。术语在一般情况下是什么意思？在具体语境中又是什么意思？它如何关联、修改或控制其他术语或短语？为什么这个术语很重要？开放性编码不是在要编码的整个文本上完成的，而是通过关注文本的一小部分，确定类别和子类别，以及它们之间的潜在联系。

第二步是"主轴性编码"（axial coding），这个步骤是通过应用第一步中确定的类别和子类别，再进行详细编码。该步骤涉及指定类别的维度（dimensions of the categories）。在这个过程中，分析师通常会对类别之间的关系和相互作用以及这些关系的后果提出假设。在此基础上，分析师将对研究的核心代码和类别进行确认。

第三步是"选择性编码"（selective coding），这一步涉及应用第二步中确定的编码和类别。这些编码成为了模式识别和模式匹配的基础，即确认了第二步中提出的假设。

最终，通过这个过程确定的类别，将会成为所收集和分析数据而撰写文章的重要组成部分。实践中，扎根理论方法的要素可能需要与一套先验的类别或代码相结合。伊威克和西尔贝对访谈记录的分析就是以上这种情况，这些分析成为《共同的法律之地》（1998：253-6）的基础。

5.2.3　模式识别和模式匹配

识别和匹配模式本质上是一个确定特定代码是否彼此关联，以及确定代码是否与特定事件、地点或人员关联的过程。在我上面所举的例子中，模式识别和模式匹配是通过对数据单元进行排序来完成的。现在有了软件工具，这个过程变得容易多了。但其中存在一个问题，即代码出现的频率（frequency of codes appearing）。奥斯汀·萨拉特（Austin Sarat）和威廉·费尔斯蒂纳（William Felstiner）在研究离婚律师与其客户间的互动时，发现了他们之间存在

73

所谓的"法律谈话"（law talk）（Sarat and Felstiner 1989）：
律师们为了淡化法律与规则的有效性，认为法律行为者
（如法官）具有控制结果的特性与偏见，并对法律体系是否
能产生公正的裁决表示怀疑。在我对风险代理收费律师的
研究中，我感兴趣的是，当这些律师与客户互动时，是否
也能观察到与以上研究类似的行为。为了验证这一点，我
对笔记部分的编码集中于律师对他们的客户所说的关于法
律制度的这部分内容。我分析的结论与奥斯汀·萨拉特和
威廉·费尔斯蒂纳所报告的结论是不一致的。我所观察的律
师确实谈到了法律程序的不确定性，但并不是以奥斯汀·
萨拉特和威廉·费尔斯蒂纳那种"蔑视"的方式来进行的
（Kritzer 2004b：126-9）。因此，尽管我为法律谈话指定了
一个代码，除了有一个例外，我并没有发现真正符合奥斯
汀·萨拉特和威廉·费尔斯蒂纳所描述的情况。一个例外
是，离婚律师和风险代理收费律师都试图控制并降低客户
对结果的期望。我非常担心自己没能找到奥斯汀·萨拉特
和威廉·费尔斯蒂纳所描述的法律谈话，于是我让一位研
究助理检查了我所有的现场笔记，看看他是否能识别出法
律谈话，但他也没有发现任何能改变我结论的东西。一个
我无法回答的有趣问题是，在律师工作的时候，法律谈话
的发生，是在离婚业务中特别常见，还是在风险代理收费
业务中特别少见？

　　定性分析的一个重要部分是理解在什么情况下（何时、
何地等）发生了什么事情。通过对数据单元应用多个代码，
定性分析软件可以非常容易地理解重要的关系。例如，在

我对风险代理收费法律实践的定性研究中，我对三个独立的法律实践进行了观察，并对风险代理律师和案件另一方（辩护律师和保险理算师）进行了一系列访谈。访谈的一个关键目标是评估我所观察到的三种实践是特有的，还是能更普遍地适用于所有的风险代理收费：法律实践。为了进行分析，我打算比较律师们所做的事情（这反映在我的观察田野笔记中）和他们谈论的他们所做的事情（这反映在我所进行的访谈中）的代码，是否与访谈和观察相同。我使用的软件很容易做到这一点，因为我的标签中已经包含了所指示的文本单元，如来自：①田野笔记；②原告律师访谈；③辩护律师访谈；④保险理算师访谈。这项研究还有另外一个问题，即我所观察到的律师所做的事情是如何根据案件类型而变化的。这很容易考察，因为我所列的每个文本单元的标签都包含了案件类型（例如，车祸、滑倒、产品责任、医疗事故等）。在我观察律师接听潜在客户电话时，使用我所创建的标签，能够清楚地看到律师在试图决定是否继续处理某件事情时，他们所寻求的信息类型是如何变化的（如果有的话），这取决于损害结果是如何发生的。我所研究的这些例子说明了一点：模式识别的目标即模式匹配的目标。

5.3 本章小结

我们经常听到实证研究人员这样解释："这是数据说的"或者"这是数据告诉我的"之类的话。但是数据不会说话，除非有人问它。在进行数据分析时，实证研究人员本质上是在对数据提出问题。分析是一个对数据提出问题并得到回答的过程。请注意，我并没有说"得到答案"，因为，从数据中得到的回答往往不能回应一个人试图提出的问题。这在一定程度上反映了向数据提出问题是很困难的。在通常情况下，数据分析回答不了手头的问题，相反，实际上它可能会引发更多的问题。

75

最后，虽然说数据分析主要是一项科学性的工作，但它也是一项富于工艺性的工作。在数据分析之中，科学性和工艺性的专业知识均来自经验。这种经验可以帮助数据分析师认识到数据中存在的问题，也可以帮助分析师在进行分析时预判可能犯的错误。但是经验的存在也可能导致对实证分析结果的过度解读。

注　释

〔1〕这是综合上述 70 名男性和 25 名女性的信息所得的数据。

〔2〕严格来说，我所描述的是一个无需放回的简单随机样本，这意味着随着每个观察结果被选入样本，其被包含的可能性就会增加。然而，只要总体规模足够大，这种增长就可以忽略不计。

〔3〕在早期的随机数字拨号（random digit dialing，RDD）调查中，一种聚类抽样的形式被开发出来，以解决许多电话号码要么不在服务中，要么是业务号码的问题（Brick and Tucker 2007：707-8；Waksberg 1978）。

〔4〕偏态（skew）是对分布偏离对称程度的度量，峰度（kurtosis）是对分布峰值（peakedness of the distribution）的度量。

〔5〕有一种度量离差的方法，被称为"离差指数"（index of dispersion），它可以通过名义变量的频率分布（frequency distribution of a nominal variable）来进行计算，参见 www.statisticshowto.datasciencecentral.com/index-ofdispersion，

最后访问日期：2020 年 3 月 4 日。

〔6〕也可以估计其他统计数据的置信区间，如度量离差。

〔7〕明尼苏达大学法学院并非位于前 20 名。

〔8〕如果两个变量的联合分布等于两个变量的单变量分布的乘积，则这两个变量在统计上是独立的。卡方拟合优度检验可用于检验其他双变量或单变量的分布假设。例如，它是检验假设的一种方法，假设一个抽样变量是来自一个基本的正态分布。

〔9〕伦奎斯特大法官（Justice Rehnquist）有双重身份，一是作为助理大法官（由尼克松总统任命），二是作为首席大法官（由里根总统任命）。

〔10〕在这个例子中，使用总体平均值的平方误差为 8536.67，使用回归线的平方误差为 3939.17，减少了 5297.49。

〔11〕对于 k 个自变量，需要在 k+1 维空间中拟合一个 k 维超平面，该拟合过程需要在表示因变量的维度上，使平方误差最小。

〔12〕在尝试了各种转换之后，我发现平方根是适合数据的最佳算法，其结果与我使用风险的对数作为自变量时得出的结果是相似的。我把重点放在自变量的转换上，而非因变量的转换。因为正如接下来所讨论的，这是多元回归模型的一部分，我没有理由期望其与其他自变量有非线性关系。

〔13〕图 5.10 是基于多元回归构建的，该回归控制了大量可能解释在处理州法院和联邦法院案件时的差异的其他变量（Kritzer 1990：133-4）。参见 Kritzer 及其他人（1984）关于州法院和联邦法院投入精力结果差异的讨论。

〔14〕最常见的替代拟合方法是极大似然法（maximum likelihood, King 1989）。

〔15〕统计偏差（statistical bias）是指估计值不会趋向于真实的总体值。例如，如果使用有统计偏差的方法来估计总体平均值，那么该估计的样本分布平均值就不是总体平均值（如图 5.2 所示的样本平均值）。

〔16〕另一种模型使用了删减（censoring）的思路。也就是说，尽管所有的自变量都是可用的（例如，Steffensmeier and Demuth 2001），但因变量的观测值（observation of the dependent variable）还是被删减了（相当于未观测）。

〔17〕虚假相关（spurious correlation）也可以指两个变量在没有明显原因的情形下高度相关的情况。

第三部分

实证法律研究实例

76　　　　实践中，有大量的实证法律研究成果。正如在第 2 章中所讨论的，实证法律研究成果的来源多种多样：有来自传统社会科学学科的研究，有出于与政策相关的原因而进行的研究，有由法律学者进行的研究，还有由跨学科群体进行的研究。本部分中，我提供了实证法律研究的纵览。因篇幅原因，这个纵览的范围是有限的，我只对一系列特定主题进行了简要总结。许多实证法律研究只被简短地提及或没有被提及。对更多主题感兴趣的读者可以在《牛津实证法律研究手册》（Cane and Kritzer 2010）中找到这样的研究成果，尽管在手册出版后的几年中又有很多文章被发表。在手册或本书中没有深入涉及的一个领域是犯罪学方面的实证研究，其中有很多研究成果也可以被视为实证法律研究。我没有对犯罪学的相关研究进行过多引用，因为市面上有许多关于犯罪学的入门教科书，且有一系列手册都介绍过此类研究[1]。

　　　　有多种方法可以将实证法律研究的对象分割开来。接下来的三章是根据研究重点来进行组织的，包括法律制度、关键的法律行动者和受法律约束的主体三个部分。有关这三个主题的研究，可以将制度、行动者或主体视为需要解释的因变量，或将它们作为解释非法律现象或其他法律现象的自变量。

77　　　　第 6 章中考察了与法律制度有关的实证研究，包括法院、宪法、法律程序和实体法等。对法院的讨论包括了法院组织（即法院和类似法院的机构）、法院议程、法院人员配置与合法性。对宪法的讨论强调了用于实证法律研究的数据库的发展，这些数据库与宪法内容和发展有关。与法院程序有关的实证法律研究涵盖了一系列主题，每个主题我都进行了简要的描述，包括案件启动、费用规则、审前程序（即证据开示、简易判决、替代性纠纷解决）、集团或集体诉讼、审前和解、审判率的下降（包括美国民事陪审团的使用）、法官和陪审团在裁决上的差异、混合合议庭（专业法官和非专业裁判人员共同审判）以及专家证词。实体法一节中包括一系列小的主题：如刑法的威慑作用，美国产品责任法从过错责任到无过错责任的转变，旨在阻止医疗过失索赔的措施的影响，合同法的各个方面（如纳入仲裁条款、违约赔偿条款的影响）以及财产法的某些方面（房契限制、土地使用管制）。本节还注意到了实证法律研究所涉及的实体法领域，这些领域一直是实证法律研究的主题。本章最后简要讨论了实证法律研究如何被用于评估和解决法院所面临的问题，包括诉讼拖延、诉讼成本和无代理人诉讼等。

　　第 7 章中重点介绍了法律制度中三个关键的法律行动者：法官、陪审团和律师。该章约 75% 的篇幅致力于研究初审和上诉法官的司法裁决。我将内容划分为对美国法官的研究和对其他国家法官的研究。因为到目前为止，实证法律研究中最大的研究领域是针对美国法官的。这一点很重要，部分原因是美国政治学学者在法庭实证研究中的作用很大。至少直到最近，在大多数其他国家，法院都还不是政治学家的研究对象。这反映了美国法官判决数据的可得性是很强的，这些信息在其他许多国家是无法获得的；对于美国审判法官的研究，实证法律研究通常讨论刑事案件的判决（主要是量刑）和民事案件的判决；关于陪审团，本章只简单地提及已经研究过的关于陪审团的各种问题。本章的最后讨论了有关法律职业的实证法律研究，这项研究已经在 50 多个国家进行过。问题的中心是界定谁是和谁不是法律专业人员，因为在许多国家，各种类型的法律服务可以由受过正规法律培训，但没有"律师"资格的人提供；还有一个主要研究领域是法律职业社会学，包括了职业发展、人口结构变化（特别是大量女性的进入）、收入、法律教育、执业环境和监管结构；还有一项研究是关于法律职业的结构以及这一结构是如何受到性别影响的；对法律专业人员的研究考察了在各种环境或实践类型下的日常工作情况；另外的一个研究领域是，专业人士如何通过使用法律援助资金，来以免费或低价（公益法律服务）的方式，促进人们诉诸司法（access to justice）；与此相关的研究考察了法律代理人在刑事诉讼和民事诉讼中的有效性，以及法律代理人能否由缺乏正式律师资格的人来担任。

　　第 8 章中将重点关注我所称的"受法律约束的主体"，即法律应该帮助或者控制的主体。本章分为三个部分。第一部分讨论了在使用法律和在法律诉讼中"谁更占优势"的文献。第二部分主要介绍了有关法律和商业组织的实证文献。由于这是一个我专业知识受限的研究领域，因此我采用的策略是在《实证法律研习杂志》中找出关注商业相关问题的文章。我将这些文章分为了几个类别，并列举出了四个最大的类别，进而讨论文章中所考察的研究问题。对于每一个类别，我通过一系列的要点列出了所考察的问题。第三部分主要论述了法律与个人的关系。这类文献的主要内容是考察了遵守法律的问题。这些文献中的大部分研究了通过制裁和威胁来进行威慑，对此我进行了非常简短的总结。然而，至少在发达民主国家，威慑只是遵纪守法的一小部分，我讨论了通过其他机制来自愿遵纪守法的研究，如道德价值观的建立对树立法律合法性和法律机构的影响。第二个主题我讨论了程序正义的文献。在过去的30年里，这一领域产生了越来越多的研究成果。诉诸司法是第三个主题，该主题包括了对法律需求、主张权利、寻求法律援助的研究。第四个主题是法律意识（legal consciousness）研究，包括了法律社会化（legal socialization）、针对法学和法律制度的态度（法院的合法性，在第 6 章中讨论过），以及我所称的"了解一个人与法律和法律权利的关系"。由于篇幅有限，这一章至少省略了另外两个"法律主体"：即非商业组织（如工会、非政府非营利性组织）和政府，虽然这两个组织都需要受法律约束。

　　在接下来的讨论中，出于篇幅的原因我在引用时非常谨慎。因此，有许多观点我没有引用基础文献。然而，使用谷歌学术网站应该可以很容易找到许多这样的文献。

注　释

〔1〕牛津大学出版社出版过至少包括 36 本与犯罪学相关的独立手册系列，参见 www.oxfordhandbooks.com/page/criminology，最后访问日期：2020 年 7 月 28 日。

6

法律制度

80　　在这一章中，我重点关注了与法律制度相关的实证法律研究。我对制度的定义很宽泛，我认为它既可以包括正式的组织（如法院、行政支持组织、替代性纠纷解决组织等），也可以包括既定的法律和惯例（如法律体系的类型、宪法、程序规则、实体法等）。本章还对法官遴选制度进行了探讨，并对法院的合法性进行了研究。

6.1　法院和法庭

6.1.1　法院组织

　　世界各地的法院系统在结构和组织方面差别非常大，但令人惊讶的是，除了少量研究对法律制度类型（如普通法、大陆法、伊斯兰法）的差异进行简单的观察之外，很少有实证法律研究关注法院的结构，在比较法视野下对结构差异进行解释的研究就更少了。在美国，有研究考察法院组织的变化情况，这项研究既考察了联邦制度层面的变化，也考察了各州内部的变化情况。例如，采用定性研究方法考察了联邦制度改革提案背后的政治因素，研究发现有些提案获得了成功（例如，将南部第五巡回法院一分为两个巡回法院），有些提案未获成功（例如，建立国家上诉法院的提案）。在美国之外，一项研究考察了法院现代化（court modernization）对一些国家法院系统（例如，哥斯达黎加、罗马尼亚、委内瑞拉）的影响；还有关于英国最高法院取代上议院作为英国最高法院影响的研究（Paterson 2013）。

美国各州法院系统的结构一直是实证法律研究的热点，因为各州法院组织之间存在着许多差异。其中一项研究聚焦于"法院现代化"，尤其关注法院的"统一"，即将一个包含多种类型法院的法院系统重组为一个包含较少类型法院的法院系统的过程。有一项实证法律研究考察了法院结构和法院现代化对法院运行的影响，以及这种结构将如何影响法院的关联者。

专门法院（specialized courts）是法院结构的一个方面。专业化可以是广泛的，也可以是非常具体的。广泛专业化的一个例子是，法院在处理涉及政府争议案件的过程中，建立了专门用于处理政府纠纷的法庭。其他专门法院也通常处理特定类型的案件（如税务法庭）。有关专门法院运作的研究，涉及的问题包括法官的专业知识、代理人的作用、案件的结果、案件处理的效率（成本和速度）、法官与其他审判人员决策的变化或不一致以及如何解释建立专门法院的决定。关于最后一个问题，一项研究（Baum 2011）表明，至少在美国，人们更加渴望实现特定类型的结果，而非决策质量、效率和法律一致性。该研究几乎没有发现专门法院会对判决效率与质量产生影响的证据，但发现它们确实可以实现政策制定者的目标。对个别专门法院的研究倾向于支持这一结论。

问题解决型法庭（problem-solving courts，PSCs）是专门法院中相对较新的发展。该法庭建立的目的是帮助被告克服诸如吸毒等问题，而不是简单地通过惩罚来阻止其未来的行为。有两组实证法律研究专门研究问题解决型法庭。第一组文献侧重于详细描述此类法院是如何进行运作的；第二组文献侧重于研究法庭的有效性，研究将其与传统刑事制裁相比较，看累犯数量是否有所减少。毒品法庭一直是问题解决型法庭有效性研究的一个特别关注点，在某种程度上这类研究已经进行了一些元分析（meta-analyses）[1]。对毒品法庭有效性进行元分析的结论是，该法庭确实产生了改善的结果，但重新逮捕的减少率不高，为 8%~14%（Marlowe 2011：62）。对精神健康法庭有效性的元分析也发现了一些有效性的证据（Sarteschi，Vaughn and Kim 2011）。

6.1.2 法院案件类型

有一系列研究考察了美国法院处理的案件类型是如何随着时间的推移而变化的。研究的对象包括了 20 世纪中叶的美国最高法院（Pacelle 1991）和州最高法院（Kagan，Cartwright，Friedman and Wheeler 1978）。研究表明，美国最高法院的案件类型从以经济和监管案件为主，转变为以公民权利、自由和刑事诉讼有关的案件为主。各州初审法院民事案件排期变化的研究（McIntosh 1980-81）表明，案件类型从财产法和债务法向侵权法和家庭法进行了转移。至于联邦法院，在 20 世纪初，民事和刑事案件的数量划分各不相同，到了 20 世纪 40 年代左右，刑事案件就一直占主导地位，民事案件也在不断增加。

还有一些研究考察了最高法院处理的案件类型的比较差异。一项研究比较了美国、英国、加拿大和印度，发现有关权利问题案件数量的差异是由于这类诉讼的支持结构的不同而导致的（Epp 1998）。其他国家也对类似问题进行了研究。

6.2 法院人员

6.2.1 简介

配置法院人员有两种基本制度。一种是职业司法制度（career judiciary），即个人在完成法律教育后不久就进入了司法机构，他们可能需要参加类似于"法官学校"（judges' school）的课程，他们将从助理法官或低级法官开始他们的职业生涯，然后通过等级司法制度逐步往上晋升。另一种是在有经验的法律从业人员中遴选法官。法官遴选有三种主要形式。在等级司法系统中，最初的选拔通常是通过某种考试制度，很像许多国家的公务员考试。在通常情况下，参加法官考试的人只有一小部分得分可以高到被选中。在非职业司法制度中，法院人员的选拔是通过任命或选举产生的，选举通常是普选，但也有由立法机构成员来进行选

83

举的例子。美国各州都采用了法官普选的方式，玻利维亚在 2011 年引入了司法选举，瑞士也采用了司法选举来选拔一些地方法官[2]。法官任期通常是一段固定的时期，而且他们通常可以选择续任或者重新选举，直至他们达到法定退休年龄、选择离开司法部门或者离世。在有固定任期并可续任的情况下，续任可以通过重新任命、竞争性选举（与潜在对手）重新当选，或者通过全民投票（留任）选举。遴选和留任制度之间的差异为实证法律研究提出了许多研究问题。

6.2.2 谁会成为法官

实证法律研究的另一个领域与法院人员配置有关，这类研究考察了法官的背景。考虑的因素包括社会阶层、性别、教育、种族、民族、国籍、政治经验、政治活动，以及被选为法官之前的职业（Laski 1926；Malleson and Russell 2006；Ryan，Ashman，Sales and Shane-Dubow 1980）。这类研究的主旨是，法官往往是从社会经济地位较高的人群中挑选出来的，因为这些人有机会获得高质量和优质的教育；在许多国家，女性和少数民族的代表人数一直不足，在法律职业中占的比例也不高（Schultz and Shaw 2012）。

大多数法官都受过法律培训。然而，在一些国家的制度中，允许基层法院法官没有接受过法律培训。在英国，被任命为非专业治安法官的人在历史上就是从当地精英中选拔出来的；在美国，许多地方法院（如市级法院和村级法院）的工作人员都是由非法律工作者担任的，他们通常是选举产生的。一项实证法律研究探讨了非专业法官和受过法律培训的法官之间的行为差异；另外一项研究比较了英国的非专业治安法官和受过法律培训的法官，发现受过法律培训的法官比非专业治安法官判得更重（Diamond 1990）。

84

6.2.3 遴选制度的影响

美国的联邦结构使我们有可能研究司法遴选制度的类型的影响，包括谁被选中以及遴选制度是否会影响司法行为。美国在法官初选和法官留任方面采用了许多种制度。前者包括选举、不受约束的州长或立法机构任命，以及受约束的州长或立法机构任命。约束是通过要求任命机构从提名委员会提供的名单中选择并由支持者标记为"择优"来实现的。在大多数州，固定任期法官的留任是通过重新任命、竞争性选举（即有反对派候选人参加的选举），或留任选举（即对法官是否应继续任职进行赞成或反对的公民投票）完成的。

关于遴选制度是否会影响被遴选者特征这个问题，首先，广泛的研究未能发现很多证据，来表明初选方法产生了具有不同类型背景或偏好的法官（Kritzer 2016a：354），尽管这可能反映了，在大多数州，很大一部分法官最初被任命是为了填补中期选举空缺；一些早期证据表明，女性可能因受约束的任命制度而处于不利地位，但随着时间的推移，这种影响将会逐渐消失；虽然正式的遴选方法可能影响不大，但使用较大选区可能会对少数民族不利——这一论点在一些州引发了诉讼，这些诉讼被用作了对司法选举投票模式进行实证分析的证据。

关于遴选制度对法官决策的影响，我（Kritzer 2016a：354-5）和其他人都认为，研究重点不应放在初始遴选上，而应该放在留任制度上。理由是，想要保住自己职位的法官会关注谁会让他们继续任职，而不是看谁让他们上任。实证法律研究提供了很好的证据表明对留任的关注会影响法官的决定，尤其是在那些控制留任决定的人可能关注的问题上，无论是通过选举还是通过重新任命。例如，实证法律研究表明：

85

- 随着连任时间临近，面临连任的初审法官的量刑决定严重程度显著增加。
- 面临连任的州最高法院法官对有关于死刑的公众舆论（public opinion）变得敏感，而不面对选民的法官则不敏感。
- 与党派选举州的法官相比，通过无党派选举连任的州最高法院法官对州内关于堕胎的公众舆论更加敏感。
- 在使用连任而非选举留任的州，州最高法院法官对控制其连任的人的偏好非常敏感。

一个引起广泛关注的问题是，法官是否会对竞选捐款做出回应（Kritzer 2016a：364-67）。研究难点在于确定司法行为是否会因捐款而改变。解决这个问题最有效的方法是，比较在法定退休年龄之前被禁止寻求连任的法官与在同一州可以竞选连任法官的行为。研究表明，他们之间确实存在一些差异，差异表明当法官不再寻求竞选捐款时，他们会做出不同的决定。

6.2.4 遴选的程序

6.2.4.1 美国的研究

在美国，有学者对联邦法官的任命过程进行了广泛的实证研究。这项研究的一个方面考察了各种行为者的作用和影响：既有政府内部的行为者，也有外部团体，如美国律师协会和保守的联邦主义者协会。该研究考虑了在不同总统的执政期间，程序和参与者是如何变化的。研究表明总统的作用随着本土参议员作用的下降而增加。对他们来说，在历史上，联邦地区（初审）法官的职位构成了重要的政治庇护（Scherer 2005）；定量分析考察了被任命为联邦法官的人的特征，重点研究了政党背景、法律培训、职业、种族和性别。研究表明，政党背景始终是主导因素，而且随着时间的推移，该因素变得越来越重要。在民主党政府中，对女性和少数民族的任命比在共和党政府中更常见（Goldman 1997：2）。

尽管州宪法要求通过普选来产生法官，但是大多数州的法官最初都是通过任命上任的。在学界，没有学者对州一级的任命程序进行过研究。除了极少数例外，司法任命是由州长作出的。在许多州，州长被迫需要从提名委员会准备的名单中进行选择，而在另一些州，州长的选择需要得到州议会两院或其中一院的确认。对州一级的司法任命所做的研究很少，现有研究主要集中在提名委员会的运作上，研究者经常使用的研究方法是调查和对公开会议的观察。在接受调查时，委员们更加强调专业声誉和沟通能力，淡化了人口特征（如种族和性别）和政治因素，包括经验和从属关系（Caufield 2012）。然而，对一个州进行的研究确实发现，无论是提名阶段还是在州长最终从被提名者中做出选择时，党派之争都很重要（Goelzhauser 2019）。

与对州司法任命的研究匮乏形成鲜明对比的是，对各州司法选举有大量的实证研究。这些研究大多集中在州最高法院的选举上，因为针对中级上诉法院或初审法院的选举的争议相对较少，特别是在采用无党派选举的州。其中有两项独立的研究。第一项研究的重点涉及实际或潜在挑战者的竞争型选举，在这类选举中，既有党派候选人（即候选人在选票上与政党身份一致），也有无党派候选人（选票上没有政党）。实证法律研究考察了：

- 州最高法院选举的变化模式（虽然利益集团的参与和电视广告肯定有所增加，但比通常宣称的要少）。
- 在任者面对挑战者的可能性（对于最近才任命的在任者或由非优势政党的州长任命的在任者而言，可能性更大）。
- 参与程度（党派选举高于无党派选举）。
- 党派之争在无党派选举中的作用（在一些州急剧增加）。
- 负面广告的影响（在无党派选举中有效，但在党派选举中无效）。

- 影响个人投票选择的因素（只有在职率和选民
的党派偏见影响显著，其余大部分人口统计数据不显
著）。
- 利益集团资金的影响，包括金额变化（自2000
年以来，大幅增加）和对结果的影响（对挑战者的影
响大于对现任者的影响）。
- 公众对竞选捐款的关注（认为此类捐款会使法
官产生偏见）。
- 选举对公众支持州法院的影响（使用选举将增
加公众支持）。

这些实证研究结合使用了个人（即选民层面的数据）
和汇总数据，要么是在各州的县一级进行分析，要么是在
州一级进行跨州分析。

第二项关于司法选举的研究集中在留任选举上，在这
种选举中，公民通过投票决定在任者是否应该留任。实证
研究考察了：

- 随着时间的推移，模式发生的变化（支持留任
的平均投票率缓慢下降）。
- 参与度（总体上远远低于有争议的司法选举）。
- 投票支持留任的党派模式（随时间和州而异，
但也受现任者自身的党派背景影响）。

大多数有关留任选举的研究是在总体层面上进行的，
很少有研究考察单个选民的选择。

6.2.4.2　美国之外的研究

在美国以外，对司法遴选程序的研究要少得多。一个可能的原因是，在大多数其他国家，法院不是政治学家的研究课题，而在美国，有关司法遴选的大部分实证研究都是由政治学家完成的；有研究表明，在加拿大，党派偏见确实在加拿大的法官遴选中发挥了作用（Crandall and Lawlor 2017），尽管重要性可能随着时间的推移而下降；1832 年至 1906 年间，政治经验和政党因素在英国的法官遴选中发挥了重要作用（Laski 1926），但现在这似乎已经不再是事实。

一些普通法系国家采用的是让任命委员会发挥主导作用的遴选制度。这些委员会与美国的提名委员会的不同之处在于，它是对未来可能担任法官的人进行的持续考察，考察的内容可能有角色扮演练习等。学者对这些委员会进行了一些实证研究，委员会发布的报告通常提供了有关其运作的统计数据。虽然设立任命委员会的目标之一是建立一个更加开放的遴选程序，这将在理想情况下增加司法机构的多样性，但所做的研究未能表明在这一目标上是取得了重大成功的。

一个有趣的问题是，在常规司法等级制度之外的宪法法庭的遴选制度在各国存在差异。在许多国家，这些法庭的法官由多个政治角色提名或任命，且通常代表政府的各个部门，如行政部门、议会的每个议院，可能还有其他团体。没有实证研究试图解释遴选程序中的差异，但有一篇文献研究了这些差异的影响。一项对智利和哥伦比亚宪法法院的研究发现，个别法官决定废除法律更多取决于他们选择的机构赞助者，而不是他们的政治派别（Tiede 2020）；还有证据表明，遴选结构将会影响宪法法院的权力和独立性（Ríos-Figueroa 2011）。

最后，在国际法院法官遴选方面也存在着一些实证法律研究。国际法院法官的遴选由联合国成员提名，然后分别由联合国大会和联合国安全理事会选举产生。实证法律研究表明国际法院法官的遴选是一个高度政治化的过程，涉及竞选、选票交换和潜在的附带协议等方面（Mackenzie, Malleson, Martin and Sands 2010: 100-36）。与国际法院不同，欧洲法院（European Court of Justice, ECJ）的法官是由成员选出的，每个国家都可以推选一名法官。实证法律研究表明，在实践中，每个成员都有各自提名法官的程序和标准（Kenney 1998），并且该提名需要得到其他成员的批准。

6.3 合法性和公众支持

有大量实证文献关注公众对法院的支持研究，这类研究 89
通常以制度合法性为框架来展开。学者们区分了广泛支持和特定支持（specific support），前者指的是对机构的普遍支持（即合法性），后者指的是对机构某一具体行动或决定的认可。大卫·伊斯顿（David Easton 1965: 273）将前者定义为"一种有利的态度或良好的意愿，帮助成员接受或者容忍他们所反对的，或他们认为有损其利益的观点"。为简单起见，我将合法性称为"广泛支持"。研究者们既在国家层面进行了研究，也对美国的州和地方一级进行了研究。有时，研究集中在法院层面；在其他时候，研究会专注于一个特定的法庭。这类研究的一个关键问题是如何测量广泛支持。大部分研究都使用简单、单一的问题来进行衡量，比如"你赞成还是不赞成（法院）处理工作的方式?"或者"你对法院或法庭领导有信心吗?[3]"另一种研究方法则使用了多问题指标，研究结论是倾向于保持现状，而不是进行机构改革（Gibson, Caldeira and Spence 2003）。对美国法院的研究发现，无论如何衡量，广泛支持的程度都很高。虽然支持率会有所下降，但这些下降的持续时间都相对较短，对美国最高法院来说尤其如此（Gibson and Nelson 2014）[4]。还有一个问题是，对具体法院判决的赞成与否（即特定支持）将如何影响广泛支持。研究证据表明，判决会影响个人的支持水平，但这些影响往往是交叉的，由此造成的净变化不大。美国最高法院对布什诉戈尔案［《美国最高法院判例汇编》第 531 卷第 98 页（2000 年）］所作的判决就是一个很好的例子，该判决实际上决定了 2000 年的总统选举结果。民主党人对最高法院支持率有所下降（通过对最高法院工作的评级来衡量），但其又被共和党人支持率的增加所抵消（Kritzer 2001）。此外，即使一项决定导致了广泛支持率下降，但这种下降也通常是短暂的。对美国各州和地方法院支持情况进行分析，最终发现了各州的政治和社会因素变化是如何影响这种支持的。一般来说，对州和地方法院的支持率相对较高，但有所不同。另一些研究表明，通过党派选举选出法官时，对州法院的支持率可能会降低，但也有其他研究表明，选举会增加广泛支持率（Gibson 2012）。

在美国以外也有对国家法院广泛支持的实证研究。一项针对 42 个国家的研究（Bühlmann and Kunz 2011）发现，对司法系统表示高度信任的比例从立陶宛的 16% 到丹麦的79% 不等。这些国家大多在欧洲，也包括一些拉丁美洲和亚洲国家。20 世纪 90 年代对 17 个欧洲国家和美国的研究（Gibson，Caldeira and Baird 1998）发现，在"细心的公众"（受访者称他们至少对法院有一些了解）中，对国家最高法院的广泛支持有很大差异。同意最高法院"通常可以被信任做出对整个国家正确的决定"的受访者比例从 43%（保加利亚）到 89%（荷兰）不等。不同意"如果最高法院开始做出许多不受欢迎的判决就应该被废除的主张"的百分比从 19%（保加利亚）到 76%（美国）不等。影响广泛支持的因素包括法院存在的时间长短和对法院判决（即特定支持）的满意度。对拉丁美洲司法机构广泛支持的研究（Walker 2016）表明，广泛支持率的水平是相对较低的，只有不超过 50% 的受访者愿意支持司法机构。17 个国家中只有约 13% 的受访者对司法机构有"一些"或"很多"信心。支持程度与一个国家的政权结构以及受访者对民主制度的广泛支持有关。此外，还有一些国家也进行了这方面的研究。

最后，研究者们对几个国际法院的广泛支持也进行了一些研究。一个突出的例子是欧洲法院。在 20 世纪 90 年代，欧洲法院的广泛支持总体水平相当低，但欧盟成员国之间存在着很大差异，德国、爱尔兰和西班牙的支持处于低水平，而荷兰处于高水平（Gibson and Caldeira 1995；

91

364）。2008年经济危机后进行的一项研究发现，表示不倾向于信任欧洲法院的比例急剧上升。相反在另一些国家，倾向于信任欧洲法院的人的比例有所上升（Pollack 2018）。后来的一项研究（Voeten 2013）考察了欧洲法院、国际刑事法院（International Criminal Court，ICC）和国际法院（International Court of Justice，ICJ）。关于国际刑事法院，2005年一项覆盖68个国家的调查发现，45%的受访者支持国际刑事法院，反对者只有13%。只有5个国家的反对者超过了支持者；关于国际法院，2009年一项涵盖21个国家的调查衡量了人们对国际法院裁决公正性的看法。总的来说，54%的人相信国际法院的裁决是"公平和公正的"，而36%的人不相信，相信的百分比从最低的25%（俄罗斯）到最高的79%（肯尼亚）不等。

6.4　宪法

宪法是实证法律研究学者日益关注的一个领域。这在一定程度上得益于有关宪法的两个数据库的开发。其中之一是比较宪法项目（Comparative Constitutions Projcet，CCP），该项目侧重于收集有关宪法设计的数据，目的是了解各国选择宪法的起源和结果[5]。这个项目除了包含宪法的文本外，还包括有关宪法事件发生时间和宪法特征的编码数据，这些数据可以追溯至1789年。该特征数据库包含650多个变量，涵盖政府结构、权力和其他宪法内容。另一个数据库来自多伦多经济和社会权利倡议（Toronto Initi-

ative for Economic and Social Rights，TISER）。TISER 数据库
包含了 195 个国家经济和社会权利（economic and social
rights，ESRs）宪法地位的定量信息[6]，还包含了有关经济
和社会权利的 34 个指标，以及法律制度、地区和人口变
量等。

多伦多经济和社会权利倡议数据库已被用于解释将经济　92
和社会权利纳入国家宪法的因素（Jung，Hirschl and Rosevear
2014）。研究表明，一些经济和社会权利（如受教育权）
非常普遍，而另外一些这类权利（如食物权和水权）则很
少见。比较宪法项目同样被用来研究一系列的问题。其中
一项研究考察了宪法的持续时间，它同时考虑了环境因素
和宪法设计因素，发现后者比前者更加重要（Elkins，Gins-
burg and Melton 2009）。另一项研究考察了宪法中所规定的
平衡预算制度所产生的影响，发现这些规定确实在实践中
产生了财政纪律。

6.5　程序规则

法院是法律制度的一个方面，程序规则是规范其运作
的重要因素。其中的一些规则是通过一系列法院正式制定
并确立的，比如美国的《联邦民事诉讼规则》以及《联邦
证据规则》（Federal Rules of Evidence，FRE）。对程序规则
进行实证法律研究在很大程度上是普通法国家的一种现象。
例如，有大量关于《联邦民事诉讼规则》各个方面的实证
文献，也有一些研究《联邦证据规则》所产生影响的文献。

英国也有与程序规则相关的实证法律研究，但加拿大和澳大利亚的文献则比较有限。这类研究的目的往往是评估规则改变的必要性，或评价已经发生的变革。这些研究涵盖了程序和证据等多方面内容。

案件启动（case initiation）：针对美国最高法院关于原告必须在提起诉讼的文件（诉状）中主张的具体内容，研究者进行了大量的实证研究。实证问题涉及内容变化对立案和早期案件处理的影响，研究显示结果喜忧参半；另外一项研究考察了强制制裁规则（rules mandating sanctions）对提出缺乏事实依据的索赔（和其他文件）的当事方的影响，研究表明，大多数制裁的规模不大，只有某些类型的案件才能发现明显影响；在英国，实证法律研究评估了20世纪90年代的一系列改革 ["伍尔夫改革"（Woolf Reforms）]，研究考虑了与"行动前协议"（pre-action protocols）有关的要求的影响，最终发现这些要求确实产生了"前置"（front-loading）成本。

费用规则（cost rules）：案件中的败诉方是否必须支付胜诉方部分或全部费用，各国存在差异。实证法律研究在定量和定性方面研究了败诉者付费的规则对诉讼频率的影响，以及对案件和解而不是进入审判的可能性的影响；与此相关的是对规则的影响研究，这些规则规定了败诉方必须承担哪些费用（例如，原告为了承担不利风险而购买的保险保费，或应支付给在"不赢不付"基础上处理案件的律师的成功奖金）。

证据开示（discovery）：在美国，有大量关于审前调查的实证法律研究，审前调查也被称为"证据开示"。研究通常涉及证据开示的数量和成本，这类研究一致表明，在大多数情况下，证据开示的程度是适度的，但在某些情况下，证据开示可能会变得相当激烈和昂贵；研究还考察了证据开示的规则变化对证据开示的影响（如果有的话），发现影响并不大。

简易判决（summary judgment）：美国民事诉讼程序中的简易判决指的是法官在审判前根据其发现的事实作出的判决[7]。实证法律研究考察了联邦法院进行简易判决的频率，以及简易判决动议的频率和成功率是否在 1986 年美国最高法院的一系列裁决后发生了变化。在控制了案件类型的变化后，没有证据表明发生了变化。有关简易判决的第二个问题是，它是否有助于解释民事审判数量的减少（见下文），一篇文章认为，越来越多的联邦案件是通过简易判决结案的，这可能是审判数量减少的一部分原因。

集团或集体诉讼（class or group actions）：有相当多关于集体诉讼的实证法律研究，包括诉讼频率、案件类型、胜诉率、和解率和律师费用等。尽管这类研究中最大的一部分是在美国完成的，但研究也延伸到了世界各地的其他国家（Hensler, Hodges and Tulibacka 2009）。

民事案件审前和解（pretrial settlement of civial matters）：关于影响民事案件审前和解的因素，特别是由法官或其他法院人员主持的和解会议的作用，有着大量的实证法律研究。这项研究的一个核心问题是：和解会议是否会增加和解的概率。这是一个很难回答的问题，因为无论是否召开

94

和解会议，和解的可能性都很高。尽管和解会议可能会影响和解的时间，但研究未能发现有大的影响。有关和解会议的第二个研究问题是，法官使用了什么方法来鼓励和解，以及哪些方法被认为是最有效的。

替代性纠纷解决机制：与和解会议稍微有关联的方式是，一些法院要求当事人采用仲裁或调解来促进案件的解决。对此，实证法律研究提出了一个核心问题，即替代性纠纷解决机制是否会增加和解的频率。但是，几乎没有证据表明存在强烈的影响。另外，还有一些关于创造性替代性纠纷解决机制的描述性定性研究，如"简易"审判（"summary"trials，大概的研究方法是，向一组有资格成为陪审员的人展示证据，获得他们对案件的评估）。对替代性纠纷解决机制的评估研究发现，它并没有产生许多支持者认为会产生的效果。

消失的审判（disappearing trials）：近年来备受关注的一个现象是，通过审判程序解决的民事和刑事案件的数量和比例有所下降（Galanter 2004）。研究追踪了几个（但不是所有）普通法司法管辖区（包括国家和地方的司法管辖区），发现都出现了减少的趋势。研究还试图解释下降的原因，发现可能是由于替代性纠纷解决机制（见上文）和简易判决（见上文）的潜在作用所导致的。

辩诉交易（plea bargaining）：在美国和其他地方，被称为"辩诉交易"的研究通常与审判的消失以及法庭案件的"和解"相关：刑事被告认罪以换取减少指控或者减轻制裁。研究表明，有哪些因素可以预测被告决定认罪，以及认罪的发生率是否与案件数量要求等因素有关。

消失的民事陪审团（vanishing civil jury）：与消失的审判有关的一个现象是美国在民事案件中使用陪审团的情况减少，美国是唯一一个民事陪审团仍是民事司法制度案件重要组成部分的司法管辖区。实证研究表明，近 100 年间，民事陪审团的使用率有所下降（Moley 1928）。当代的实证法律研究也表明，民事陪审团审判在过去的 40 年里急剧下降。

法官与陪审团（judge versus jury）：20 世纪 50 年代进行的实证法律研究表明，刑事陪审团定罪的可能性比法官单独审理要低，但在民事案件中，法官与陪审团之间没有明显的差异（Kalven and Zeisel 1971：55-65）。最近的实证法律研究比较了法官和陪审团在民事案件中所做出损害赔偿的模式，研究发现了较小的差异，这表明在民事案件中法官和陪审团之间的差异是仍然存在的（Eisenberg，Hannaford-Agor，Hans，Mott，Munsterman，Schwab and Wells 2005）。

混合合议庭（mixed panels）：在许多国家中，尤其是大陆法系国家，法官经常与非专业裁判人员坐在一起裁决案件，这种组织形式被称为混合法庭或混合合议庭（Kutnjak Ivković and Hans 2020）。实证法律研究对混合合议庭的研究考虑到的最重要问题是非专业法官（裁判人员）和专业（受过法律培训）法官的相对作用。研究表明，专业法官在处理刑事案件的混合合议庭中占主导地位（Kutnjak Ivković 2015）。

96　　　　专家证词（expert testimony）：美国最高法院对道伯特诉梅雷尔·道制药公司案（Daubert v. Merrell Dow Pharmaceuticals）[《美国最高法院判例汇编》第 509 卷第 579 页（1993 年）]，及对相关案件的判决，引发了一系列与专家证词有关的实证法律研究。研究考察了各州对道伯特标准（*Daubert* standard）的采用情况。另一组研究评估了新规则对案件立案和胜诉的影响，包括简易判决动议的成功率是否有所增加，以及某些类型案件是否比其他类型案件受到的影响更大。道伯特标准启发了对一些常见类型的证据有效性的研究，如子弹鉴定、咬痕鉴定、笔迹鉴定，甚至包括指纹鉴定。最后，有少量实证法律研究（几乎全部来自美国以外）评估了一种提交专家证词的替代方法，这种方法正式的说法是并行证据（concurrent evidence），但经常被学者称为"热浴盆"（hot-tubbing）。很少有证据证明这种陈述形式的有效性是充分的，在这种陈述方式中，专家们被要求在裁决者面前一起讨论案件。

6.6　实体法（Substantive Law）

　　实证法律研究包含了大量有关实体法的内容。在这类研究中，规模最大、历史最悠久的是对刑法一般威慑（general deterrence）的影响的研究，我们将在第 8 章中讨论这一主题。除此之外，还有许多与非刑事法律领域有关的实证法律研究。比如侵权法领域产生了一系列研究成果。其中一些研究是有关法律的变化的，如某些类型的产品责任索赔由过错责任转向了无过错责任。一项对无过错责任的扩散研究发现，社会网络效应变量比经济和政治变量更加重要。批评人士认为，无过错责任限制了经济活动，至少有一项研究发现了支持这一论点的证据，即无过错责任仅适用于非制造商的产品销售者（Shepherd 2013）。然而，也有研究表明，产品责任法的出台可能会使企业提高对产品安全的关注度，但尚不清楚关注度中有多少是由于无过错责任造成的，有多少是由于政府加强了对产品安全的监管造成的，因为监管措施与无过错责任的引入几乎是同时发生的。

对侵权行为法的研究不仅仅限于产品责任，另一个主要关注点是医疗过失。在美国，许多州都已经采取了目的在于抑制人们对医疗专业人员提出索赔的措施。这些措施包括限制可获得的损害赔偿、限制可以收取的法律费用、实施输家支付（losers-pay）规则，并要求在提起诉讼前进行一些初步筛选。实证法律研究显示，这些改革的效果好坏参半。损害赔偿上限的设置显然会减少索赔金额，但其"改革"连贯性是较差的，还有可能出现意外的后果。虽然这些措施的目标是降低医疗责任保险的成本，但研究未能对这种效果的产生提供明确的证据。

其他与侵权行为相关的实证法律研究考察了一系列问题，比如：

- 侵权法的各种变化，例如取消了慈善豁免权。
- 侵权行为模式改革对社会和人口群体的不同影响。

●"侵权故事"（tort tales，即有关侵权索赔虚假或夸大的故事）。

● 公众对侵权制度的态度以及该制度发生变化时产生的影响。

● 侵权案件中惩罚性赔偿使用的频率和赔偿金额大小。

● 侵权案件中收取的律师费的性质。

还有一些与特定类型的侵权索赔有关的实证法律研究，包括石棉（在英国有研究）、各种药品和医疗产品（Bendectin and Dalkon Shield）。

关于其他特定法律领域的研究则相对较少。但在合同法领域，学者进生了各种各样的实证法律研究。对 2005 年至 2012 年 1 月间发表的 113 篇论文进行回顾发现，40% 的论文使用了实验方法（Eigen 2012：302）。一项研究通过实验方法来对违约损害赔偿的影响进行了考察。实验（Wilkinson-Ryan 2010）表明，当合同有违约赔偿条款（即规定违约时应支付赔偿金金额的条款）时，各方更愿意进行"有效违约"（efficient-breach，即打破合同比遵守合同成本更低的情况）；在非实验研究方面，一项对商业采购合同的早期定性研究发现，买方和卖方间的持续关系比合同中所说的任何其他内容都更重要（Macaulay 1963）；还有一项非实验性定量研究考察了仲裁条款在合同中的使用情况。该研究表明，在美国，虽然仲裁条款在标准格式消费者合同中变得越来越常见，但在老练的参与者之间，仲裁条款在其合同

98

中却不那么常见（Eisenberg and Miller 2007）。以上只是与合同法有关的一部分研究，但这些问题一直是实证法律研究的主题。

鉴于财产和财产所有权的概念深深植根于文化之中，财产法经常是人类学家对法律进行实证研究的一个研究主题。在加利福尼亚牧场进行的一项带有人类学元素的定性研究发现，交易之间的持续关系在解决财产损失纠纷时往往胜过正式的产权（Ellickson 1991）；另外一项研究考察了休斯敦房契限制（deed restrictions）的使用情况，发现房契限制作为规划和排斥手段在高收入和高学历社区比在中低收入社区更为有效。实证法律研究还表明土地使用管制通常会增加土地价值。另外一个与财产相关的研究课题是土地征用权以及通过土地征用权获得财产的补偿。与业主与承租人法（landlord-tenant law）相关的一系列问题也一直是实证法律研究的主题。这只是使用实证法律研究方法来研究财产法的例子之一。

其他法律领域也一直是实证法律研究的重要对象。这些领域包括但不限于刑法和青少年法、家庭法、就业和劳动法、民法、公司法、破产法、税法、信托和遗产（继承）法、知识产权法、环境法、健康法、保险法、广义的福利法、移民法、人权法和国际法。由于篇幅所限，我们无法讨论这些领域。此外，虽然大部分关于实体法领域的实证研究都是在美国进行的，但是关于这类主题的实证法律研究在许多国家都可以找到，包括但不限于加拿大、英国、澳大利亚、意大利、印度、中国和以色列。

6.7 法院面临的问题

人们对法院处理案件的时间和将案件告上法庭会产生相关费用的不满由来已久，在大众文学作品［例如，狄更斯《荒凉山庄》中的贾迪斯（Jarndyce）诉贾迪斯（Jarndyce）案］与法律评论中（Pound 1906），也有所体现。毫不奇怪，有大量关于法院"拖延"（delay）的文献（Church, Carlson, Lee and Tan 1978；Zeisel and Buchholz 1959）以及与出庭费用相关的文献。关于前者，有些人建议，与其将案件经过法庭审理所需的时间称为"拖延"，不如用法院程序"速度"来表述更为恰当，因为看起来是拖延，实际上往往是法庭在等待案件参与人的某些行动。案件通过法庭审理需要多长时间，与法院积压的案件和案件管理技术等因素有关。然而，有证据表明，诉讼的速度与被称为当地法律文化的法律期望有很大关系（Church 1985），并且旨在加快案件处理速度的各种案件管理技术可能会产生成本增加的反作用（Fenn, Rickman and Vencappa 2009）。有关成本和拖延的文献试图评估旨在解决这些问题的改革，但发现这些改革往往收效甚微，往往是因为一开始研究者就没有充分理解他们所设想的问题（Feeley 1983）。

成本和拖延一直是法院面临的最常见的"问题"，但绝不是唯一的问题。在过去的一二十年里，在一些国家逐渐凸显的一个问题是无代理人诉讼，这种现象在美国被称为"自诉人"（pro se litigants），在英国被称为"无代理人的诉讼当事人"（litigants in person）。在英国，这种现象出现的原因与法律援助资金的减少有关。实证法律研究（Moorhead and Sefton 2005）已经考察了"问题"的严重程度，并评估了处理这个问题的各种方法；在一些国家，司法腐败是一个令人担忧的问题，在这个问题上已经出现了一些实证法律研究；在某些情况下会出现第三个问题，这个问题已经通过实证法律研究进行了评估，该问题是由于地理上的远距离或由于法院设施对残疾人的障碍性与否而导致的如何进入法院的问题。

6.8 本章小结

本章为接下来的两章提供了背景知识。下一章谈到的法律行动者，在某种意义上也是法律制度的一部分，但它带来了与人相关的问题。第 8 章中所讨论的法律主体与法律制度的互动，大部分都是通过法律行动者来实现的。

注　释

〔1〕元分析选择性地将几项研究的结果汇总在一起，以对这些研究的结果进行统计平均。

〔2〕有关玻利维亚第一次选举的实证研究是有限的；没有关于瑞士选举的任何研究；日本采用全民公投以留任日本最高法院法官，类似于美国的"留任选举"。然而，据我所知，日本没有关于这类选举的实证研究，可能是因为在这些选举的安排下，没有一个法官被留任下来。

〔3〕另一项测试使用了感觉温度计的概念，测试要求受访者将被考察的机构置于 0~100 的分数范围内，100 分表示对该机构的感觉是非常温暖的，0

分则表示非常冷淡。

〔4〕有人可能会认为，随着唐纳德·特朗普作出任命决定后，这种情况可能会发生变化，即首先将填补一个在 2016 年选举结果之前已经开放了将近一年的席位，然后在 2020 年大选前再填补一个席位。尽管控制美国参议院的共和党人此前曾表示，在选举年出现最高法院空缺时，此空缺在当选者就职之前不应该被填补。

〔5〕该数据库可以在 https://comparativeconstitutionspro-ject.org/about-ccp 下载，最后访问日期：2020 年 4 月 30 日。

〔6〕该数据库可以在 www.tiser.org 下载，最后访问日期：2020 年 4 月 30 日。

〔7〕简易判决规则可能存在于其他一些英美法系国家的民事诉讼程序中。但是，我并没有发现在美国以外有与简易判决有关的实证法律研究。

7

法律行动者

在本章中，我将讨论以实施法律的行动者（the actors who implement the law）为重点的实证法律研究，我将这些人称为"法律行动者"，包括法官、陪审员和律师。还有其他一些法律制度的参与者，他们也可以成为本章所研究的对象，包括警官、缓刑官、监狱官员和律师助理。由于篇幅限制，我无法在本章中来讨论这些研究。

7.1 法官

如第 2 章所述，有关上诉法官判决模式（decision patterns of appellate judges）的实证法律研究始于 20 世纪 40 年代，当时普里切特对美国最高法院一个任期内的判决进行了研究；在此之前，已经有一些研究记录了刑事案件中决定法官量刑的因素，但这些研究只考虑了案件中的因素（如犯罪性质、前科等）是如何影响量刑决定的，并没有试图将影响量刑决定的因素归因于法官本身所具有的特征；另外一些研究提供的证据表明，即使案件非常相似，但法官所判处的刑期也各不相同；而且还有大量关于被告种族等法外因素是如何影响判决的研究（Hagan 1974）。直到20世纪60年代，学者才开始关注法官本身所具有的特征，来解释法官之间对判决的差异。接下来，我将首先讨论有关上诉法官行为的研究，这类研究通常在由多名法官组成的合议制法院［collegial（multi-judge）courts］进行，然后再转向对初审法院［即第一审（first instance）］法官裁决的研究。

7.1.1　上诉法院法官

关于司法行为与司法决策（judicial behavior/decision-making）的研究主要集中在美国法院进行。这在很大程度上反映了在美国，往往是政治学家们将法院和司法行为作为了他们研究范围的一部分。除了刑事判决之外，绝大多数司法行为的实证法律研究都是由政治学家完成的。由于司法行为研究主要集中地在美国，因此，我把关于上诉法院的讨论分为了美国的研究和其他国家的研究。

7.1.1.1　美国的研究

7.1.1.1.1　美国最高法院

与美国最高法院司法决策有关的实证法律研究非常广泛，包括决定审理哪些案件［调卷令（certiorari）］、口头辩论过程及潜在影响、多数意见分配、在形成多数意见时作出取舍，以及对案情（merits）的最终表决。在这些研究中，研究者考虑了书记员、无党派"法庭之友"［nonparty "friends of the court"（*amicus curiae*）］、总检察长（美国政府的首席辩护人）、经常出庭的律师以及法庭判决时的听众对美国最高法院司法决策的影响。

在针对美国最高法院的决策研究中，一个核心问题是法律的相对影响（relative influence of law）与法官个人的偏好。一项研究试图表明，系统地解释法官对案件裁决的唯一变量是法官的政策偏好。这种"态度模型"（attitudinal model，Segal and Spaeth 1993）建立在法官的关键特征之上，这些关键特征包括他们没有面临任何类型的留任程序（即他们的任期直至他们选择辞职或死亡）、没有法院可以推翻他们的判决、他们基于美国宪法的判决很难被推翻。区分"态度模型"和"认为决策者的偏好对他或她的决策有重大影响的论点"（the argument that the decision-maker's preferences are *a significant* influence on his or her decisions）是很重要的，态度模型意味着对司法决策的唯一系统性影响是法官的偏好。虽然有大量文献提供了态度将影响法官裁决的证据，但许多实证法律研究学者对态度模型却提出了疑问。

态度模型所面临的一个挑战，是在研究方法上缺乏对态度的直接测量的方法，这是在研究美国最高法院大法官态度时尤其需要注意的一点。人们的态度是可以推断出来的，通常是基于决策模式的规律性（regularity of decision patterns），但也使用了任命前对被提名人偏好的看法、被提名人在担任司法职务之前的党派关系和任命总统的所在政党等衡量标准。有证据表明，在过去的40年中，任命总统的所在政党已经成为大法官在涉及刑事、公民自由和公民权利案件中进行裁决的一个越来越一致的预测因素。

102

态度模型的批评者认为，法律在司法决策过程中起的作用更大，这从美国最高法院很少否决现有先例就可以看出来。作为回应，态度模型的支持者提供了证据，表明在相关案件（例如，"亲属"案件）的裁决中，大法官们不愿意遵从他们之前提出过异议的裁决，并认为不愿意遵从是法律缺乏重要性的证据。另一种论证法律重要性的方法侧重于使用"法理制度"（jurisprudential regime）的理念，这种理念认为，在美国最高法院裁决的各种案件中，先例作为一种结构化运作机制，塑造着法官处理未来案件的方式。这有助于解释为什么美国最高法院的大部分裁决是一致的。这种理念与态度模型似乎又是不太一致的。

批评者对态度模型提出疑问的第二个理由涉及战略决策证据（evidence of strategic decision-making），这是由于法院内部关系以及法院和其他政府部门之间的关系造成的。具体而言，追求政策目标的法官需要考虑到，至少要有另外 4 名法官同意其所作的决策。在这种情况下，大法官有时候必须向政策目标妥协，以确保结果的最终实现。在涉及需要作出法律解释的案件中，当大法官担心法规会以与政策目标不一致的方式进行修订时，他们往往会限制他们在实现政策目标方面所能达到的程度。这就导致了一些学者所称的"分权游戏"（separation-of-powers game）的现象产生（Segal 1997；Epstein and Knight 1998）。

有关美国最高法院其他决策方面的研究较少，但还是涉及了一些研究，其中大部分是定量的，但也有一些重要的定性项目。一个值得注意的定性项目考察了法官会选择

哪些案件来进行判决的"确定程序"[cert（iorari）process]
（Perry 1991）。这项研究主要基于对一些大法官及其前书记
员的半结构化访谈，研究发现"确定程序"会以不同的模
式运作，这取决于法官是否对某一类案件拥有强烈的政策
偏好。如果一位法官确实有强烈的偏好，关键问题是法官
的偏好是否会占上风；如果法官没有这种偏好，研究的重
点是该关键问题是不是法官所在法院需要解决的重要问题。 103
这项研究让人们对这一过程有了很好的了解，包括大法官
的书记员所扮演的角色；此外，还有研究对授予证书决定
（decision to grant cert）进行了定量研究，发现了三个因素
的重要性（大约是1985年），包括巡回法院间在所争议法
律问题上存在冲突、联邦政府作为当事人，以及"法庭之
友"对案件审理的支持。

　　刚刚我只谈到了对美国最高法院决策过程所做的研究。
实证法律研究还涉及过许多其他主题，包括法官同意审理
案件的类型变化、裁决模式与法官背景（政党背景除外）
之间的关系、意见分配（opinion assignment）、法官之间就
意见内容进行谈判、口头辩论和简报对意见内容的影响、
口头辩论的力度、不同类型律师的影响以及法官是否会对
任命他们的总统表现出忠诚态度。

　　7.1.1.1.2　联邦上诉法院

　　对美国上诉法院（US Court of Appeals，USCA）法官
["巡回法官"（circuit judges）]的研究要少得多。但有大
量研究考察了法官态度的影响，早期的一项基于访谈的研
究考察了巡回法官是如何看待自己的角色的：作为法律解

释者？法律制定者？还是两者的混合体？更多的研究试图评估与政策相关的态度的影响。其中一项研究考察了法官相互投票的倾向；另一项研究则着眼于考察法官党派背景的影响——要么是他们自己的党派背景，要么是任命总统的（Songer, Sheehan and Haire 2000）。学者一直在努力开发一种更精确的衡量巡回法官政策偏好的方法，比如将任命总统的政策偏好与法官被任命时所在州美国参议员的政策偏好指标相结合。

与美国最高法院的情况不同，没有人会认为对联邦上诉法官的唯一系统性影响是他们的政策偏好，尽管这并不意味着政策偏好在巡回法官裁决中不起作用。美国上诉法院的大多数案件由3名法官组成的合议庭来判决，在绝大多数美国上诉法院的判决中，3名法官对判决结果是达成了一致的。一项早期的研究发现，法官在案件审理过程中产生分歧的情况仅占案件总数的6%（Goldman 1975）。在过去的50年中，随着美国上诉法院案件数量的增加，分歧很可能有所下降了。这表明，在大多数情况下，法律已经足够明确（法官通常基于最高法院先例、巡回法院先例或法官必须遵循的法规文本来进行解释），政策偏好没有产生影响的空间。用一项研究中的原话来说：法律规则是美国上诉法院判决结果的决定因素，而非司法意识形态（Cross 2007：9）。

有几种方法可以用来评估法律对美国上诉法院的影响。一项研究运用委托代理理论概念来理解巡回法官对美国最高法院判决的尊重。尽管美国最高法院不太可能会对美国上诉法院的决定进行审查，但有一些研究（Klein 2002）发现，美国上诉法院的法官会对在美国最高法院判决中反映出来的解释的变化作出回应。这并不意味着美国上诉法院法官不受其自身政策偏好的影响。第二条研究线路认为法律细节的水平（level of statutory detail）是衡量法律清晰度（clarity of law）的标准，并且发现有证据表明法律细节确实约束了美国上诉法院的法官，尽管其影响最终取决于案件类型和法官的党派背景（Randazzo，Waterman and Fine 2006）。

一些研究认为，美国上诉法院法官的背景对他们的判决有潜在的影响。最有趣的研究集中于对合议庭的影响上，即由3名法官组成的合议庭，将如何影响合议庭中每位法官的决定。研究从种族和性别的角度考察了政治构成和人口构成。这项研究的主旨是，在一个多元化的合议庭中，2位多数派法官的判决往往会在小组缺乏这种多元化时有所不同。

7.1.1.1.3　州上诉法院

关于州最高法院法官的研究有很多，但关于州中级上诉法院法官的研究很少。正如在第6章中所讨论的，有大量研究考察了遴选制度是如何直接或间接影响州最高法院法官决定的，这类研究包括对公众舆论的尊重和竞选捐款。早期一项有趣的研究考察了政党背景对州最高法院法官判决的影响（Adamany 1969）。在某些州（如密歇根州），至少在某些类型的案件中，党派之争发挥了作用，但是在其他州（如威斯康星州）则不然，可能是因为一些曾经存在的差异已经消失或改变了。有关州最高法院决策的后续研

105

究涵盖了广泛的主题，包括：

- 制定意识形态的衡量标准（measures of ideology）。
- 先例的影响。
- 州最高法院创立的先例是如何影响州最高法院其他法官的。
- 州最高法院对美国最高法院决策的响应。
- 异见（dissent）的频率和模式。
- 对大法官主要人口统计数据的影响。
- 意见分配程序。
- 对州宪法进行的司法审查。
- 法律约束与细节（statutory constraint/detail）的影响。

对州最高法院法官裁决进行研究的一个重要样本集依赖于 1995 年至 1998 年间所建立的裁决数据库（Brace and Butler 2001）。

7.1.1.2 其他国家的研究

很多其他国家的最高法院同样是实证研究的对象，其中一些研究可以追溯到 20 世纪 60 年代。1969 年出版的一本关于比较司法行为的书（Schubert and Danelski 1969）涵盖了对韩国、日本、菲律宾、印度、加拿大和澳大利亚最高法院的研究。这些研究基本上都遵循了当时用于研究美国最高法院的定量方法路径，考察了这些法院法官的裁决在多大程度上可以用各种背景因素来解释，以及这些裁决在多大程度上反映了潜在的态度。后来的研究将应用于研究美国最高法院的各种模型继续应用于其他国家的最高法院，特别是加拿大、澳大利亚、菲律宾、英国、意大利和南非。对这些研究成果的一个粗略总结是，大多数国家的最高法院法官都证明了存在影响态度的因素，但都没有像在美国最高法院所发现的那样强烈和明确。

还有一些针对最高法院的重要研究使用了定性方法。两项特别有趣的研究是艾伦·帕特森（Alan Paterson）对英国上议院的研究，该法院在 2009 年被英国最高法院取代之前一直是英国的终审法院。他最初的研究是在 20 世纪 70 年代进行的，该研究的基础是观察了上议院法官与大律师之间的互动，并采访了 15 名现任或前任上议院法官以及一些曾在上议院法官席前出庭的大律师（Paterson 1982：4-5）。这项研究的重点是探究上议院在决定上诉方面的作用，包括在公开听证和在幕后审议中的作用。上议院演变成英国最高法院为艾伦·帕特森提供了一个环境，从某种意义上说，他可以复制他早期的工作，这次他访谈了 27 位现任和前任上议院和最高法院的法官，以及其他一些重要人物（Paterson 2013：5）。他在定性材料中加入了一系列定量信息。艾伦·帕特森的第二项研究重点是"互动"（interactions），他称之为"对话"（dialogues），这项研究中有与律师、同事、司法助理（类似于美国最高法院书记员）、下级法院以及其他政府部门进行的对话。

法院在政治生活中日益增长的作用一直是最高法院定

性研究中的主题之一，该主题被称为政治司法化（judicial-ization of politics）（Tate and Vallinder 1995）。虽然这类研究通常是从法院角度来讨论的，但实际上它涉及的是最高法院法官的角色和行为。亚历克·斯通·斯威特（Alec Stone Sweet）是这一领域的著名学者，他最初的研究主要集中在法国，后来扩展到了西欧的许多国家（Stone Sweet 2000）。一些研究还考察了拉丁美洲的法院，包括智利、阿根廷、巴西和秘鲁；还有一些研究涉及东亚和非洲国家。

在美国以外的国家，有关地方上诉法院的实证研究要少得多。但在澳大利亚、加拿大和英国等几个普通法国家，有研究者对此类法院进行了研究，研究涵盖了各种问题。

7.1.1.3 国际法院

在谈初审法院之前，我应该指出的是，学者还研究了一系列国际法院的裁决行为。一些国际法院实际上是作为上诉法院出现的，审理来自各个国家法院的上诉案件，而另一些国际法院则只是作为初审法院出现的；还有研究考查了欧洲法院和欧洲人权法院（European Court of Human Rights）。

7.1.2 初审法官

初审法官也一直是实证法律研究关注的焦点。其中有一项研究考察了初审法官的背景、他们的工作是什么样的，以及他们对工作的看法；美国一项大型研究对 3000 多名州初审法院法官进行了邮件调查（Ryan, Ashman, Sales and Shane-Dubow 1980），涉及的内容包括法官如何主持和解会议、法官工作中最令人满意的部分、他们对工作各个方面技能的自我评估、他们对出庭律师总体素质的评估，以及在各种工作上所花费的时间；大约在同一时间进行的一项规模小得多的研究，涉及对联邦初审法官的非随机抽样访谈，内容包括社会和政治背景、他们的判决过程、他们对先例作用的看法以及他们对外部活动的看法；一项考虑了类似问题的研究从联邦法官那里挖掘了一组 100 份口述历史作为数据来源；有几项研究考察了初审法官在所谓的"法庭工作组"（courtroom workgroups）（Eisenstein and Jacob 1977）或"法庭社区"（court communities）（Eisenstein and Flemming and Nardulli 1988）中的关系，在英国也有类似的研究（Darbyshire 2011）。

至于对初审法官行为的研究，我们有必要将它们分为在刑事案件中的行为和在民事案件中的行为。在刑事案件方面，我将主要关注量刑，尽管也有一些关于刑事案件中初审法官作出的其他决定的研究，例如，保释研究（setting bail）。正如我将在下面所讨论的那样，对民事案件中初审法官行为的研究要有限得多。

7.1.2.1　刑事案件

在美国有大量关于刑事判决的实证法律研究文献。这些文献一致表明，刑事判决的主导因素是罪行的性质和被告的前科。早期的研究发现，法官之间存在不一致的情况，有些法官在考虑到罪行的性质和被告的前科后，倾向于比其他法官判处更严厉的刑罚；直到 20 世纪 60 年代，研究人员才开始研究与法官相关的因素是否会影响量刑。研究

108　人员考察了各种司法人口统计学因素，如种族、民族和性别等，一些研究显示有差异，而另一些研究显示没有差异；第二组研究考虑了政治环境将如何影响判决（Levin 1977），并发现它确实产生了一些影响，尽管这种影响可能取决于法官如何看待他们的角色；其他一些研究试图评估量刑法官的态度或者法官的政治背景。总的来说，研究发现，与犯罪行为和前科相比，与法官相关的因素虽然有时在统计学上显示出了显著的影响，但相形见绌。此外，与罪犯相关的其他类型变量（如年龄、种族、性别、律师类型、保释状态），似乎也比法官的特征更显著。后来的研究倾向于将这类因素作为犯罪行为和前科影响的修正因素。此外，强制性判刑（mandatory sentences）和量刑指南（无论是建议性的，还是强制性的）的广泛采用，大大限制了与法官相关因素对量刑结果产生系统性影响的可能性。由于数据获取的限制，除了加拿大有关于法官态度影响的研究（Hogarth 1971）外，与法官有关的量刑研究在美国以外的国家似乎并不存在。

　　在法官对量刑的影响研究中，其中最有趣的是考察司法遴选制度可能产生的影响。这项研究确实显示了一些影响。最重要的是，如第 6 章所述，有证据表明，法官的量刑行为会随着法官改选时间的临近而发生变化。在一些研究中，发现判决结果变得更加严厉了；而在另一些研究中，判决结果向法官所在的地区标准进行了转变；还有研究考察了留任制度的类型是否重要，它利用了堪萨斯州初审法院法官留任方式各不相同的事实。这些事实是：一些法官面临留任选举，而另一些法官参加党派选举。研究发现，面临党派选举的法官往往会作出更严厉的判决。

7.1.2.2 非刑事案件

民事案件司法决策研究数量相对较少，而且几乎所有现存的研究都是在美国完成的。大多数研究都集中于联邦地区法院（federal district courts，FDC）法官，联邦地区法院是联邦系统中具有一般管辖权的审判法院。这些法院审理根据联邦法规提起的民事案件以及联邦政府自己作为当事人的案件。此外，当民事案件涉及两个或两个以上州的公民时，如果案件符合某些特征，一方或双方可以申请在联邦地区法院审理该案件。在这些"公民身份多样性"（diversity of citizenship）的案件中，实体法方面应适用州法律，但诉讼程序应该适用《联邦民事诉讼规则》和《联邦证据规则》。研究民事审判案件司法判决的困难在于，这些判决大多数都不容易获得。此外，绝大多数民事案件的最终处理是通过双方达成的私下和解完成的。法官可以在审判前就作出决定，包括结束一个案件或解决一个重要的法律问题，然后导致当事人和解。

首个有关民事案件法官判决的实证法律研究似乎是在20世纪50年代末或60年代初完成的；另外一项早期研究考察了美国南方联邦地区法院的民事判决，发现了有关环境的一个重要影响：非裔美国人比例较高的司法辖区法官作出有利于原告判决的可能性，低于非裔美国人比例较低的司法辖区法官作出有利于原告判决的可能性（Vines 1964）。考虑到这一时期美国南方政治的性质，民主党法官

109

比共和党法官更敌视民法上的原告也就不足为奇了。根据他们的决策模式，一半的民主党人被贴上了"种族隔离主义者"（segregationists）的标签，而共和党人的这一比例是五分之一。"种族隔离主义者"和"种族融合主义者"（integrationists）之间还有其他值得注意的差异。

从 20 世纪 70 年代开始，一直持续到 2018 年左右，政治学家罗伯特·卡普（Robert Carp）编码了联邦地区法院法官颁布的民事案件判决，但不包括在联邦地区法院多样性管辖（diversity jurisdiction）下产生的案件。最终，罗伯特·卡普及其合作者创建的美国地区法院数据库（US District Court Database，USDCD）包含了 85 年间的近 12 万项判决信息[1]，其中的每一项判决都被编码为"自由派"或"保守派"，不能如此分类的判决都被省略了。这些数据来源的一个明显问题是，已公布的判决并不能代表法官在民事案件中所做出的所有判决。如果该数据库中包括了未公布的判决，结果可能将会有所不同（Ashenfelter, Eisenberg and Schwab 1995）。美国地区法院数据库已被用来研究判决方向与法官各种特征之间的关系，其中最重要的是法官的党派背景或任命院长的政党背景。在 20 世纪 60 年代之前，党派和联邦地区法院法官的判决之间没有一致的关系（Carp and Rowland 1983：35），但自那以后，民主党和共和党法官之间一直存在差异，民主党人作出的判决中更大比例是倾向于自由派的。这种差异虽然并不大，但总的来说，民主党和共和党法官之间的分歧越来越大（Kritzer 2019），这种分歧在涉及刑事法律和刑事程序的案件中最为明显。

110

在控制政党变量后，基于其他类型背景变量的决策模式几乎没有差异。美国地区法院数据库已被用于一系列侧重于特定类型案件的分析过程。

还有一系列有关联邦地区法院法官但没有使用美国地区法院数据库的研究。通常这些研究考察的是特定类型的案件或问题，如宗教、工作歧视和排除专家证词等。一些研究显示了政党产生的影响，另外一些则没有；一些研究显示了性别等变量的影响；其他有关联邦地区法院法官判决的研究包括在某些类型的案件中使用由 3 名法官组成的地区法院合议庭的研究、利益集团对联邦地区法院判决的影响，以及上诉法院判决对联邦地区法院判决的影响。除了联邦地区法院之外，很少有人对民事案件中初审法官的行为进行研究。但在州法院和联邦法院方面，学者研究过的初审法官行为的一个方面是法官在和解过程中的作用，美国和加拿大都对此进行了研究。

7.2 陪审团（Juries）

50 多年来，陪审团一直是实证法律研究的主要课题。针对这个主题有两个主要的研究目标：即研究实际中陪审员的经验和裁决，研究方法一般使用模拟陪审员（mock jurors）来进行实验。对真实陪审员的研究主要包括对已完成工作的陪审员进行访谈或调查，尽管在极少数情况下，研究人员能够观察或者对实际的陪审团审议进行记录。出于各种原因，对陪审员的研究大多是在美国进行的，部分原因是民事陪审团几乎是美国所独有的。近年来，其他国家对刑事案件陪审员的研究兴趣有所增加（Kutnjak Ivković, Diamond, Hans and Marder 2020；Vidmar 2010）。这类研究涵盖了广泛的研究问题，包括但不限于：

- 陪审团遴选过程（voir dire）对裁决的影响。
- 陪审员特征对裁决的影响。
- 被告人和诉讼当事人特征对裁决的影响。
- 陪审员对律师的反应。
- 目击者证词的效力。
- 陪审员对专家证词的评估。
- 允许陪审员向证人提问的效果。
- 允许陪审员在审判期间做笔记的效果。
- 陪审员对法官指示的理解。
- 陪审团审议的动态（dynamics of jury deliberations）。
- 设定损害赔偿。
- 陪审团对政治和社会观点的影响。

有几项很好的调查对这类研究的大部分内容进行了概述（Vidmar and Hans 2007；Diamond and Rose 2018）。

7.3 律师

对律师的实证研究非常广泛，研究对象包括了许多国家的律师。这类研究面临的一个挑战，是如何界定哪些人可以被包括在律师范围内，哪些人不被包括在内。在美国，只有一种单一的律师法律职业；但在其他国家，多个正式认可的职业都可以从事属于美国律师的工作：比如英国的大律师（barristers）和专门律师（solicitors）（加上其他人），或许多大陆法系国家的律师（advocates）和公证人（notaries）。另外，在美国被定义为律师的群体，在别的国家可能是其他职业。此外，在一个国家中，可能有一个群体被称为法律职业，但可能还有许多其他职业依赖于受过法律培训的个人。例如，日本的正式法律职业，即辩护士（bengoshi），在受过法律培训的人中只占了很小的比例。

法律职业社会学在许多国家产生了律师的研究文集，其中一本在 20 世纪 80 年代末（Abel and Lewis 1988a，b）出版，另一本于 2020 年出版（Abel, Hammerslev, Sommerlad and Schultz 2020）。前者涵盖 17 个国家的法律职业，后者则涵盖了 50 个国家或地区[2]。这些研究讨论了各种各样的主题，包括但不限于受过法律培训的职业范围、各种法律职业的发展、不断变化的人口结构和职业成员的日益多样化、收入情况、法律教育、执业环境、监管结构和法律援助等。

还有许多针对受过法律培训的职业的个体研究。其中一类研究考察了在特定环境下工作的律师：刑事检察官、刑事辩护律师（包括公设辩护律师和私人执业律师）、其他政府律师（包括担任重要职务的被任命律师以及职业政府律师）、公司内部法律顾问、个人执业律师、农村执业律

112

师、在小型律师事务所执业的律师以及在大型律师事务所执业的律师。这些研究通常描述了律师的工作环境和工作生活。一个例子是对刑事律师的研究，研究显示了关系在他们工作环境中的重要性（Rock 1993）；其他研究考察了专门从事某些类型工作的律师，类型包括刑事申诉、刑事辩护、人身伤害、保险辩护、集体诉讼、知识产权（intellectual property，IP）、破产、移民、离婚和法律援助等；一项重要的研究考察了代表社会变革工作的律师，也称公益律师（cause lawyers）。这项研究的对象涵盖了许多国家的公益律师；在个人执业律师的研究中，研究记录了律师客户（公司服务或者个人服务）性质的重要性，并展示了客户是如何影响律师的工作方式的。纵向研究显示，为企业客户提供个人执业服务的比例正在上升。对特定环境中或者在特定法律领域中工作的律师所进行的研究大多是定性的，其中大多是基于半结构化的访谈，在少数情况下是基于在律师事务所进行的观察。

对律师工作的研究不仅仅是描述律师的工作。这些研究还考察了法律职业的结构，以及性别等因素是如何影响其结构的；在多数国家的大中型律师事务所里，女性在初级和中级职位上所占比例很高，但处于高级合伙人职位的人数较少；一项相关的研究涉及律师对其职业的满意度。有趣的是，尽管女性在职业发展方面遇到了一些问题，但她们的职业满意度并不总是低于男性；与律师工作相关的第三个研究领域涉及费用安排对律师工作方式的影响（例如，费用安排是否会影响案件的处理?）。

113

法律职业教育和培训是实证研究的另一个领域。在世界上大多数国家，法律职业从业人员在大学阶段被授予过法律学位。在这种情况下，通常需要在开始执业之前接受额外的正规教育。第二阶段的培训可以通过考试进行，而这些考试的通过率可能会很低。有关正规法律教育的研究问题包括法学专业学生在接受法律教育的过程中，其态度和世界观是如何变化的；法学课程的结构如何影响他们的学习经验；法律诊所教育对于学生的影响；法学专业的学生在法学院期间从事公益法律服务的影响；以及法学专业学生如何评估他们的教育经历。虽然在完成正规教育后，没有规定法律职业从业人员必须有额外的实习期，但在其实习的最初几年，也会在有经验的法律专业人员监督下，进行大量在职培训。一些实证研究跟踪了律师在获得法学学位后最初几年的培训经历。

需要接受法律培训的职业的监管已经得到了实证法律研究学者的关注。他们考察了各种各样的问题：

- 职业许可的要求对进入市场的难易程度有什么影响？谁会因为这些要求而处于有利地位或不利地位？
- 不同国家的职业实现"封闭"（限制可从事某些类型的工作）的进展如何？如何监管这种情况？监管是否有效？
- 有哪些机制可以规范这些职业？
- 律师面临监管机构投诉的频率有多高？是否有可识别的律师群体更有可能成为此类投诉的对象？投

诉的结果如何?

● 如果有的话, 有哪些程序可用于监管律师收取费用? 这些程序在实践中是如何发挥作用的?

● 律师职业责任保险的结构是什么? 该结构是否会影响律师的工作? 针对律师提出的责任索赔有多频繁? 索赔频率是否因执业类型 (包括环境和内容) 而异? 提出索赔的人和回应索赔的人是如何处理索赔的? 他们提出主张后的结果是什么?

最后一个研究领域是法律援助的提供。有关这一主题的研究涵盖了一系列问题, 包括它的可获得性、它是如何获得资金的, 以及资金模式是如何影响其可获得性的。各国在法律援助的可获得性和资金来源等方面差异很大; 另一项研究考察了律师是否愿意在免费或降低收费的基础上提供援助, 以及相关的规则或指导方针是否会影响律师提供此类援助; 一个相关的问题是, 与法律援助或 "败者付费" 规则相比, "不赢不付费用" (no-win, no-pay fee) 的安排将如何影响法律服务的获得。与所有这些问题相关的最重要的问题是, 法律代理人是否会影响案件的结果, 在这个问题上, 实证研究几乎都认为法律代理人是重要的。这就引出了一个相关的问题: 代理人的类型是否重要? 这在刑事辩护领域备受争议: 代理权是由私人设置、由受薪公设辩护人提供, 还是由政府支付 (较低的) 服务费的指定律师提供, 以及这其中有什么关联? 另一个问题是, 代理人是持牌法律从业者, 或者是知识渊博的非专业律师

114

(辩护人)或顾问,这是否重要?一些实证研究对这一问题进行了研究,发现专门的非专业辩护人可以与受过法律训练的辩护人一样发挥作用,而且在某些情况下他们甚至更加专业。

7.4 本章小结

本章所讨论的法律行动者,包括本章未讨论的(例如,警察),他们介于上一章讨论的法律制度和下一章将要讨论的受法律约束的主体之间。本章对三个关键的法律行动者进行了广泛的实证研究,这些法律行动者、公民与组织在处理法律问题时和法律制度是紧密相关的。

注 释

〔1〕美国地区法院数据库可从以下网址获得:www. umassd. edu/cas/polisci/resources/us-district-court-database。

〔2〕这里我指的是包括巴勒斯坦在内的"司法管辖区"。

8

受法律约束的主体

在本书最后的实质性一章中，我将谈谈被我称为"受法律约束的主体"的内容。"受法律约束的主体"是使用、回应、感知和受法律影响的人或组织。我将这类主体分为三大类：政府、非政府组织和个人。出于篇幅原因，我将关于政府的讨论限制在本章第一小节"诉讼中谁更占优势"的部分中。谈完第一小节后，我将探讨以商业组织为重点的实证法律研究。随后，我把以个人为重点的研究作为本章的结束。由于篇幅有限，我不会讨论商业组织以外的非政府组织。正如我将在下文中讨论的那样，我对与商业组织相关的实证法律研究熟悉程度有限。因此，我将关注一本著名实证法律期刊上所发表的文章，来提供与商业组织相关的实证法律研究范围。

8.1　诉讼中谁更占优势？

实证法律研究中被引用最多的文献之一，是马克·加兰特于 1974 年所写的文章《为什么"资源丰富的人"更占优势?》(*Why the "Haves" Come Out Ahead?*)。在这篇文章中，马克·加兰特对更普遍地使用法律和更特意地使用诉讼来实现对社会变革（尤其是渐进的）的关注。这篇文章本身并不是一项实证研究，因为文章本身并没有对数据进行分析。相反地，它是一项理论评估，评估了拥有大量财政资源的团体，特别是大型商业实体，他们在诉讼中是具有优势的。马克·加兰特侧重于研究诉讼中"一次性"诉讼参与人（"one‑shot"players）和"重复性"诉讼参与人（"repeat"players）之间的差异。这是一项复杂的研究，但其中一些关键因素激发了重要的研究成果[1]。其中最明显的因素是，与一次性诉讼参与人相比，重复性诉讼参与人可能拥有大量资源，而一次性诉讼参与人可能会规避诉讼所带来的相关风险，这将使风险中性的重复性诉讼参与人发挥其自身优势。此外，重复性诉讼参与人更希望为规则（例如，创造对其有利的法律先例）和名誉而战。因此，重复性诉讼参与人会去选择参与哪一场诉讼，他们往往更倾向于那些能够制定出有益于他们的长期规则，或能提高他们在裁判者和潜在对手中声誉的诉讼。

116

　　马克·加兰特经过分析后，得出的研究结论集中在一个简单的问题上，这就是"当事人能力"（party capability）假设，即资源丰富的诉讼参与人是否会比资源匮乏的诉讼参与人更容易在诉讼中胜诉。资源丰富的诉讼参与人可以聘请更好的律师，并且能够承受长周期与昂贵的诉讼。此外，他们的过往经验使他们能够有效地理解诉讼和运用诉讼程序。一个众所周知的例子是烟草公司。多年来，它们比声称吸烟将导致癌症和其他健康问题的索赔人在诉讼中坚持得更久；从美国到坦桑尼亚的研究人员都对资源丰富的诉讼参与人在初审和上诉层面的诉讼中是否更占优势这一问题进行了大量研究。几乎所有的这些研究都简化了除资源外的其余假设，只假定存在唯一的假设，即诉讼当事人的性质仅仅表明其可获取的资源。其中个人可获取的资源最少，政府可获取的资源最多。研究结果支持了以下假设：即一般来说，与其他类型的重复性诉讼参与者相比，政府更具诉讼上的优势，尽管这种状态在很大程度上是由政府自身推动的（Kritzer 2003）。

第二个因素是风险规避与风险中性（risk aversion versus risk neutrality）。它们在很大程度上是研究侵权诉讼和保险公司所发生作用的一个因素。保险公司是典型的重复性诉讼参与人，他们善于诉讼，而且他们经常反复处理类型相同的案件（实际上，其中大多数并没有进入正式诉讼流程），这些案件在诉讼标的和争议焦点方面都非常相似。对伤害案件谈判与和解过程的研究，强调了保险公司的风险中性，保险公司通常是常规伤害案件中的有效被告。重要的是，该研究指出，保险公司作为重复性诉讼参与人的一些优势被对方律师所削弱了，因为这些律师本身就是重复性诉讼参与人。在英国，双向赔付（two-way loser-pays）规则在人身伤害案件中占主导地位，研究表明，除非有机制来减轻原告的风险，否则保险公司将可以对抗这种风险（Genn 1988）。美国的实证法律研究认为，原告在侵权案件中通常使用风险代理（不赢不付）模式，该模式有助于缓解一些不对称性，但这种不对称性仍然可能会鼓励原告接

117

受和解，而且和解达成的金额可能会低于诉讼获得的金额。

第三个因素是"为规则而战"（playing for rules），这个因素是在法律变革的背景下产生的。例如，通过了新的反歧视法，或确立了新权利的法律［如《家庭医疗休假法案》（Family Medical Leave Act）］。重复性诉讼参与人首先会制定内部政策，然后选择性地提起诉讼，让法院将这些政策合法化。代理一次性诉讼参与人的重复性诉讼参与人——律师，也可以通过选择在法庭上打什么案件，来为规则而战。正如在俄罗斯进行的一项研究所表明的那样，只有当法院的判决有可能构成规则时，为规则而战才有意义（Hendley, Murrell and Ryterman 1999）。

与为规则而战相似的，是为名誉而战。回到烟草诉讼的例子，烟草公司的目标之一是为焦土案件的诉讼策略创造声誉，这将阻止原告的律师提起诉讼（Rabin 1992: 857）。同时，重复性诉讼参与人——原告的律师，也在维护名誉。对于所代理的案件，他们通常非常挑剔，这有助于使被告更认真地对待律师提出的索赔。无论律师代表哪一方，律师会与裁决其案件的审裁员（如下级法院、行政法院法官）或决定是否审理其案件的审裁员（如大法官、对案件审理具有自由裁量权的法院法官）一起维护声誉。（McGuire 1993: 197-8）。

8.2　商业组织

专注于商业组织主要关注问题的实证法律研究有着很长

的历史，尽管这些研究大多出现在专门的商业杂志上。例如，保险业是一个受到高度监管的商业领域，有很多与保险法律法规相关的实证研究，但大多数都发表在专门的保险期刊上，如《风险与保险杂志》(*Journal of Risk and Insurance*)和《保险监管杂志》(*Journal of Insurance Regulation*)。一个例外是与侵权保险有关的研究，特别是医疗事故保险。另一个受监管的领域是商业特许经营，这个话题很早就得到了一位著名的实证法律研究学者（Macaulay 1966）的关注，但他主要将这类研究发表在商业期刊和一些较低级的经济学期刊上。对《实证法律研习杂志》自 2004 年至 2019 年的回顾显示，只有一篇与特许经营有关的文章（Badawi 2010）。

我自己对实证法律研究的兴趣主要集中在商业以外的领域，除非这类研究与诉讼有关。由于与商业组织相关的实证法律研究出现在各种各样的期刊上，因此广泛搜集与商业相关的实证法律研究是很复杂的。因此，我选择将注意力集中在《实证法律研习杂志》从 2004 年创刊到 2020 年前两期所发表的文献上。撇开与侵权诉讼有关的文章不谈，我发现了 65 篇文章，根据文章标题，这些文章似乎以某种方式关注商业组织。这些文章约占《实证法律研习杂志》发表文章的 15%。从广义上讲，这些文章讨论了法律如何影响企业、企业如何回应法律，以及企业如何利用法律来实现其商业目标等内容。虽然这些研究主要是研究在美国的企业，但其他国家与地区也经常出现在文章中，包括英国、中国、印度、日本以及欧盟。最常见的主题与知识产权、公司治理、证券诉讼和破产有关。另外还出现了一系列其他主题：如反垄断、公司税务、企业融资、并购、安全执法、审计、研发、软件许可协议、银行和数据泄露等。在下面的讨论中，我将简要介绍与 4 个最常见主题相关的实证法律研究。

8.2.1 股东权利和诉讼

在这方面的 13 篇文章中，有 10 篇文章涉及诉讼，其中一些涉及诉讼结果和律师费，研究的结果如下：

- 美国和英国都有高度发达的股票市场。然而，在英国，上市公司的董事很少因失职而被起诉，这与美国形成了鲜明对比。在美国，此类诉讼很常见，但这类诉讼很少会导致司法判决。在英国，有一些证据表明，在处理这类问题时同样存在诉讼以外的其他选择。

- 平行诉讼（parallel suits），无论是多个州的诉讼还是指定多个被告，通常都不会增加和解金额，尽管当联邦集体诉讼被驳回时，它们可能会产生一些支出。平行诉讼可能会导致公司治理的变化，这就提出了如何确定适当的律师费的问题。

- 当州养老基金成为原告时，案件的律师费受到律师向州民选官员提供的竞选捐款的影响，因为这些官员对州养老基金有一定的影响力。

- 《私人证券诉讼改革法案》（Private Securities Litigation Reform Act，PSLRA）的筛选效果（screening effect）对妨害性索赔的提交（filing of nuisance claims）

没有影响，但确实减少了非妨害性索赔的提交（filing of non-nuisance claims），特别在欺诈或内幕交易缺乏证据的情况下更是如此。

●《私人证券诉讼改革法案》实施后，联邦证券案件的发生率和和解金额（amo unt of settlement）受多种因素的影响，如涉及的不同类型证券的数量、公司在集体诉讼期间的回报率、市值和新闻价值等因素。

● 证券集体诉讼中的"市场欺诈"（fraud on the market）理论存在问题，与有效市场假说（efficient market hypothesis）存在矛盾。

● 联邦第九巡回法院（以加利福尼亚州为主）和第二巡回法院（以纽约州为主），在《私人证券诉讼改革法案》实施后（至2002年），在驳回证券欺诈案件动议上的判决模式有所不同。

●《私人证券诉讼改革法案》包括了在证券集体诉讼中优先考虑机构投资者作为主要原告的条款。公共养老基金作为主要原告可以产生更高的赔偿率和更低的费用率。有证据表明，该法案生效后，减少费用的申请同样适用于公共养老基金没有作为主要原告的案件。

● 虽然最初《私人证券诉讼改革法案》做出了一些具有明显自由主义倾向和保守主义倾向的解释，但后来又出现了更多的中立性解释，这可能反映了地区法官的战略决策。一些在政治派别中持保守立场的法官不太可能转变为较为温和的立场。

● 在涉及会计重述的案件中，更严格的责任标准可能会降低审计师在证券集体诉讼中被列为被告的可能性；支付审计师的金额与发行人是否破产和发行人的市值等因素有关。

其余3份研究报告与股东有关，报告的内容如下：

● 从长远来看，只要受损方（the damaged party）与违规公司（offending firm）没有关系，股东就能从公司的不当行为中获益。 120

● 证据表明，美国证券交易委员会规定的免责声明是用于警告共同基金投资者的，声明的内容是：过去的表现并不能保证未来的回报，研究显示该则声明对投资者的行为没有影响。

● 人们发现，普通法系比大陆法系更能保护股东的利益，尽管大陆法系的保护力越来越大；研究还发现大陆法系的法律变化没有对股票市场的发展产生积极影响。

8.2.2 知识产权

在知识产权领域，《实证法律研习杂志》中有11篇文章涉及专利、商标、商业秘密和版权。大多数研究涉及专利和专利诉讼：

● 一项对1981年至2009年间专利诉讼频率的研究发现，专利诉讼与宏观经济的关系是复杂的，而且会随着时间推移而变化。

- 一项时间序列研究考察了 1929 年至 2006 年间专利诉讼的结果，研究发现随着时间的推移，结果发生了变化，作者将这些变化的原因归结于政治和法律更替。

- 一项关于专利侵权案件的诉讼行为是否随着提起诉讼的专利所有人类型的变化而变化的研究发现，不同类型的专利所有人（个人发明人、运营公司、专利持有公司和大型专利聚合商）之间存在显著差异，而且专利所有人的行为通常与专利所有人的经济状况一致。

- 一项专门针对仿制药制造商对药物专利提出疑问的研究发现，此类诉讼有所增加，且某些类型的专利更有可能受到质疑。

- 一项针对联邦巡回上诉法院关于专利有效性裁决的研究发现，专利有效性与多种因素有关。

除了专利诉讼的文章外，与专利相关的文章还研究了"专利主张实体"［patent assertion entities，有时也被称为"专利流氓"（patent trolls）］偏爱的专利类型（保护范围广泛的专利）和专利提交前的同行审查对专利申请科学评估的影响（接受同行审查的申请被专利审查员拒绝的比率更高）。

至于知识产权的其他领域，关于版权和商标各有 1 项研究，还有 2 项由同一作者进行的关于商业秘密的研究。这项与版权相关的研究考察了版权是否会降低旧版权作品

的可获得性。根据从亚马逊、iTunes 和 YouTube 上获取的
数据，作者发现版权似乎抑制了亚马逊上书籍和歌曲的可
获得性，但对来自 iTunes 和 YouTube 数字形式音乐可获得
性的影响要小得多。作者认为，数字形式旧音乐的广泛使
用可能是一些重要的法院判决导致的；这项关于商标的研
究论述了在互联网搜索中作为关键词的商标是如何受到谷
歌政策变化影响的，该政策允许广告商使用并不属于自己
的商标作为关键词来触发广告显示。研究发现这对浏览行
为几乎没有影响。2 项与商业秘密有关的研究都依赖于硅
谷高科技工作者的非随机样本，考察他们遵守商业秘密限
制的倾向。

8.2.3 商业破产

涉及商业破产的 7 篇文章涵盖了一系列问题。其中有 2
篇专门研究了大型破产案件中的专业费用问题。其中一项
研究发现，1998 年至 2002 年上半年，48 家大型企业破产
的费用，随着破产规模的扩大，费用是有所下降的，而且
与 20 世纪 80 年代的一项早期研究相比，费用也是有所下
降的；第二项研究涵盖了 1998 年至 2003 年间的 74 起破产
案件，研究发现有 3 个变量——公司资产、案件持续时间
和处理破产案件的专业公司数量——几乎解释了专业费用
的所有变化（87%）。作者认为，这些变量代表了产生费用
的机会，而非对专业服务的需求，因此构成了过度收费。
一项针对加拿大破产案件的研究也关注了破产成本，发现
它们取决于公司的规模、案情的复杂程度以及破产公司的

支付能力。公司在决定是清算还是重组时，往往会选择成本更高的方案。

另外有 1 篇文章考察了购买破产公司债务的做法，以及这种做法是否会对破产债权的解决产生负面影响；另外还有 3 篇文章是关于破产程序和破产结果的。其中一项研究考察了债务人作为当事人一方的房地产租赁处置情况，以及美国破产法一项修改的影响，该修改要求债务人比以前更快地做出某些决定。分析表明，加快租赁处理的决定，可能会导致无法重组，从而增加了清算的可能性；第二篇文章研究了美国破产法规定的优先权的政策偏离情况，发现这种政策上的偏离可以通过重新签约和债务人讨价还价的能力得到最好的解释，另外信息不对称和案件复杂性可能也会产生一些影响。作者没有找到任何证据支持破产地点有影响的论点；最后一项研究考察了加拿大破产公司在法院监督下重组失败的频率。该研究既考虑了可以重组的债务人未能重组（即重组计划被否决），也考虑了最终失败的重组，发现后者发生的可能性是前者的四倍。

8.2.4　公司法与公司治理

有 10 篇文章讨论了一系列公司治理问题。1 项研究报告审查了在公司章程和细则中使用专属诉讼地规定作为控制多诉讼地股东诉讼的手段，要求将与公司法有关的纠纷只能提交到特定的法院。作者通过 746 家公司的样本研究了是什么推动了这些条款的采用。研究发现，采用这种模式与公司本身的特点无关，而似乎与律师事务所的做法有关，此类条款在开始的时候并未被采用，但在经律师事务所建议后，在首次公开募股中始终都采用该条款。

这2项研究调查了公司组织文件中默认规则和"功能选项"的使用情况。一项对中国随机选取的498家上市公司的研究发现，很少有公司选择不使用默认规则，而且它们经常选择使用功能选项，它可以提供能够包含在公司章程中的标准化条款；第二项研究特别关注美国各州通过的反收购法规。大多数州都采用了带有"选择性退出"条款的默认规则的法规；一些州则没有退出规定；一些州创建了关于收购条款的选择性功能选项；一些州则未通过任何反收购法规。在可以选择退出的情况下，很少有公司会这么做。但在反收购法允许的情况下，大多数在该州的上市公司都会选择退出。

有2篇文章研究了可能影响公司价值的因素，这2篇文章都采用了来自不同国家的数据。一项针对印度公司的研究考察了公司治理改革是否会增加公司价值，研究的方法是通过比较受改革影响和未受改革影响的公司。作者发现，在改革宣布后2周内，大型公司的价值平均增加了10%；另一项研究则考察了美国最高法院2010年联合公民案（*Citizens United*）裁决的影响（该案废除了企业向政治候选人捐款的大部分规定）。作者发现，2008年在政治上活跃的公司，到2010年这些公司的价值低于政治不活跃的公司，这表明了参与政治活动会降低公司的价值。

另外2篇文章研究了所有权结构对公司的影响。一项研究使用了来自魁北克的证据，因为在那里可以选择根据

123

省法律或联邦法律成立公司。基于 2002 年至 2005 年间成立的 181 家公司数据，作者发现，根据省级法律注册的公司的所有权更加集中，并且发现了所有权集中与公司价值呈负相关的关系；第二项研究采用了小组设计，研究对象是自 2004 年至今成立的近 5000 家美国公司，拟评估根据联邦税法组建为 C 类公司的企业，是否比根据州法律组建为有限责任公司（limited liability companies，LLCs）的企业表现更差。在控制了企业家、企业和组织形式因素之后，作者发现，在 7 年的时间里，C 类公司的倒闭率明显高于有限责任公司。她还发现，选择这两种组织形式的企业家具有显著差异。

其余 3 篇关于公司法和公司治理的文章涵盖了一系列主题。其中一项研究考察了公司合并时应合并到哪个州的决策，研究发现特拉华州的吸引力越来越大。选择特拉华州的原因包括拥有"顶级法律顾问"、合并中存在外国公司参与者、更大的财务不确定性以及合并的规模；另一篇文章考察了管理固守与债务使用之间的关系，作者发现了一种正相关关系：即固守的管理者往往拥有更高的杠杆率；第三项研究使用了来自中国和新加坡的数据，考察了董事会独立性是否会降低经理人参与关联方交易的频率，结果发现确实如此。

8.3　个人

关于个人与法律和法律制度之间的关系，有丰富的实证法律研究成果。在这一节中，我将重点讨论文献中的几个关键主题，包括遵守法律（包括威慑）、程序正义、诉诸司法（根据法律主张索赔和寻求法律援助）和法律意识。这些主题绝不会穷尽与个人相关的实证法律研究。

8.3.1　遵守法律

这一主题的核心是威慑，包括一般威慑（实施制裁以威慑他人），也包括个别或具体威慑（实施制裁以阻止某个人未来的非法行为）。关于一般威慑的文献非常多。一个核心结论是，实施制裁的确定性比实施制裁的严厉程度更为重要。也有研究表明，除了确定性和严厉程度之外，还有一些因素制约着一般威慑的有效性。实证法律研究表明，一个重要的因素是行为动机是工具性的还是表现性的，威慑对表现性行为的效果较差；一个特别有争议的问题是死刑的威慑作用。大多数研究都未能发现其威慑作用，至少在美国实行死刑的情况下是这样。一些研究人员确实报告了死刑的威慑作用，但其他人质疑这些发现的有效性（Donohue and Wolfers 2005）；另一个问题是，加强威慑是否会产生意想不到的负面后果呢？例如，尽管在有关强制性逮捕法作为阻止家庭暴力的手段的研究报告中称，此种手段将减少再犯，但还有其他研究发现，强制性逮捕法可能会降低一些受害者报告虐待行为的意愿，因为他们认为这会给自己带来负面后果（例如，认为会失去支持或将加剧未来的暴力行为）。

尽管针对法律的威慑作用有很多的讨论和研究，但这

125

些研究只部分解释了为什么人们在民主社会中会遵守法律。实证法律研究表明，遵守在很大程度上是自愿的，并与道德和合法性有关：人们相信什么是对和错，以及他们对法律的尊重（即关于遵守法律和法律机构的义务的信念），其中道德是两者中更为重要的（Tyler 1997：222-5）。为了证明道德价值观的重要性，研究使用了各种样本，包括青少年、城市地区的成年人和企业高管等。树立法律和法律机构的合法性，是使人们遵守法律的一个重要因素。法律机构的合法性可能会因这些机构的歧视性或不公平行为而受到损害，这一点在 2020 年世界各地对明尼苏达州一名非洲裔美国人死于警察之手的回应中得到了强烈的体现。法律或法规的合法性也会受到政治因素的影响，这一点在新冠肺炎大流行期间美国人对戴口罩的抵制中得到了证明。

8.3.2 程序正义

对合法性问题的关注引发了对程序正义的研究：即人们是否觉得自己受到了法律机构的公平对待。程序正义催生了大量的实证法律研究。截至 2017 年，《法律与社会科学年度评论》（*Annual Review of Law and Social Science*）已有 22 篇文章对该问题进行了讨论[2]。程序正义的概念可以追溯到蒂鲍特（Thibaut）和沃克（Walker）1975 年的研究，但在这 30 多年来，汤姆·泰勒（Tom Tyler）一直是该概念的实证研究领导者（Tyler 1990）。汤姆·泰勒和其他人在多个国家进行的实证法律研究表明，人们如何看待自已在法律程序中受到的待遇至少有三种影响：第一，人们认为可以相信制定法律规则的人是公平的，从而增加了接受规则的意愿；第二，独立于结果的公平待遇，会影响人们对结果的接受程度；第三，对程序公正的看法是公民遵守法律的一个核心因素，因为这增强了公民对合法性的看法和遵守法律的义务感。公平待遇包括以下几个要素：

- "受到礼貌、尊严和尊重的对待，并尊重他人在社会中的权利和地位"（Tyler 1997：231）。
- 认为决策者行事诚实、公正，并以事实为基础。
- 被"允许参与决定的制定"，并影响相关问题的解决。

程序正义的研究，考察了法院程序、替代性纠纷解决（即仲裁和调解）、与警察的互动、公司争端解决、残疾认定、遵守美国最高法院的决定、工会的争端解决、税务合规和家庭暴力的处理等。证明民众对公平和合法性的看法会影响其遵守法律和服从法律机构的证据的力度因具体情况而异。直接证据薄弱的一个领域是治安管理。

8.3.3 诉诸司法

诉诸司法是实证法律研究长期以来面临的研究问题。20 世纪 70 年代的一项重大国际倡议，即佛罗伦萨诉诸司法项目（Florence Access to Justice project，Cappelletti 1979），产生并促进了与诉诸司法相关问题的研究。本节涉及识别法律需求和寻求帮助以处理这些需求的实证法律研究。

8.3.3.1 法律需求和法律主张

来自许多国家的大量研究考察了公众的法律需求。这些需求分为三大类：非争议事项（例如，财产转让、准备遗嘱等）；刑事事项（包括罪犯及受害者）；以及非刑事争议事项。一些研究涵盖了上述三个领域（Curran 1977）；一些仅限于非刑事事项（Abel‐Smith, Zander and Brooke 1973）；有些只涉及非刑事争议事项（Genn 1999）；人们普遍认为，刑事案件的被告人有法律援助的需求。尽管研究有时既包括刑事被告人的法律需求，也经常包括犯罪受害者的法律需求；大量的研究集中在民事法律需求上，截至2019年，此类研究已在至少35个国家和地区开展，代表了除南极洲以外的每个大陆（OECD/Open Society Foundations 2019：26‐8）。大多数研究都是基于调查的，这些调查通常会向受访者呈现一长串他们可能会遇到的问题，但没有具体标明是法律问题。询问的时间范围通常是1年、3年或5年，问题的类型和提问的方法也各不相同。提问有时没有列明具体金额的最低限度，有时使用口头描述（如难搞）。

研究表明，就常见的问题类型而言是存在一些相似之处的。许多问题都是由于健康状况不佳引起的，这可能会对家庭资源带来压力，无论是在医疗费用的增加还是在收入减少方面。经常出现的具体问题，包括消费问题、就业问题、债务问题和家庭问题。有些问题的出现频率因收入而异。例如，随着收入的增加，与财产所有权相关的问题会随之增加。而与住房或政府福利有关的问题则随着收入的减少而增加；一个重要的模式是，法律问题或需求的类型在不同的国家有差异，包括总体问题和特定类型的问题。产生差异的部分原因是研究方法的不同，但更多的原因是差异本身就是真实存在的，这反映了法律、社会结构和文化之间的不同。例如，社会保险，包括政府资助的医疗保险，可以取代向潜在的侵权行为人寻求法律赔偿的需要。新西兰事故赔偿委员会就是一个很好的例子，它取代了人身伤害侵权制度；实证法律研究表明，采取行动解决问题的可能性随着年龄、受教育程度和问题的严重程度而增加。然而，采取行动的唯一最佳预测因素是问题的类型，这反过来又与问题的社会背景有关；在提起正式的法庭诉讼时，一个可能起作用的因素是"败者付费"规则的存在，这可能会使那些能够支付胜诉对手费用但不愿承担风险的人失去起诉的动力。"败者付费"规则有时可以通过一种或多种保险制度来进行缓解。

8.3.3.2 寻求法律帮助

寻求援助的一个重要因素是，能否在知识上获得有效的帮助。在调查中所问及的援助类型因国家的不同而不同。援助类型主要反映在谁能提供法律援助、提供的是否为专家咨询服务、提供法律援助方面的限制以及所提供咨询的性质等几个方面。许多研究没有限制受访者援助来源的类型，因为这些来源可能包括朋友、家人、工会工作人员以及神职人员。而另一些受访者则更注重向具有法律专业背景的人士寻求帮助。研究表明，从法律专业人员那里获得

128

援助取决于是否有相关的资源来支付援助费用，以及是否有不需要自己花钱的法律援助，而这又可能取决于法律援助所涉及的纠纷类型。例如，在侵权诉讼中获得法律专业人员的援助会相对容易一些。因为这类案件的律师代理费用，是可以在实际获得的赔偿基础上进行计算的，但如果该案件没有获得任何赔偿，则无需支付任何代理费用。获得法律援助的另一个重要因素是法律援助的可获得性，实证法律研究的结果表明，由于用于法律援助的补贴资金逐渐减少，而且在可援助案件类型和受援者收入的资格审查方面的程序越来越严格，所以以能够获得法律援助变得越来越困难。有关于以上问题的研究，目前主要集中于法律援助提供者而不是受援者身上。美国的实证法律研究发现，有不少受援者被法律援助组织拒之门外，要么是因为该组织缺乏补贴来源，要么是因为它们不允许处理受援者的案件类型。

8.3.3.3 纠纷的结果（Problem Outcomes）

现存的研究在考虑纠纷或需求是否得到解决以及如何解决方面存在差异。确实考虑了结果的研究考察了结果是否对受访者有利，以及结果是通过一致决定的还是某种形式的第三方决定的。一些研究同时考虑了这两个问题，而另一些研究则只考虑了其中一个方面。研究表明，两者因纠纷类型不同而存在很大差异，其中一些差异因国家而异。例如，在日本，72%的交通肇事案件结果，对被调查者是有利的，但在与公共当局、保险或就业相关的案件中只有31%（Murayama 2007：23）。在解决方式方面，在英国，

56%的消费者纠纷是通过协议解决的，而只有23%的房东纠纷是通过协议解决的，且其中有三分之二未得到解决（Genn 1999：155）；一些研究也试图解释结果。美国对"中程"（middle-range）理论的一项研究创建了一个"成功量表"（success scale），并将其作为因变量，用于7类纠纷（加上"其他"）的回归分析，包括整体和单独的7类纠纷。统计模型只解释了非常小的一部分变化：当纠纷类型作为自变量时，其只占整体模型的6%；但当纠纷单独存在时，其占比为4%~13%。最强的自变量是纠纷类型和其他纠纷因素（例如，风险的量值），这些因素与人口统计变量只有适度的关系，人口统计变量包括家庭收入、户主教育程度、年龄和种族等（Miller and Sarat 1980-81：556-60）。

8.3.4　法律意识

　　法律意识，自20世纪80年代作为一个概念出现以来，已经成为实证法律研究的一个主要领域。学者们对它的定义各不相同，但其中一位学者所下的定义抓住了法律意识概念中可能包含的行为要素。法律意识是指"人们对法律的体验、理解和行为方式（act）"（Chua and Engel 2019：336）。在使用这一概念之前，至少有两个实证法律研究分支讨论了与法律意识有关的概念：即法律社会化以及关于法学和法律制度的公众舆论（前者在第6章合法性和公共支持一节进行过讨论）。在接下来的内容中，首先我将简要讨论这两个主题，然后再转向到当代的法律意识研究。

8.3.4.1 法律社会化

法律社会化，是指"人们发展他们与法律的关系的过程"（Trinkner Tyler 2016：418），它是一个在 20 世纪 70 年代实证法律研究学者中获得了突出地位的研究主题。但后来，除了一项突出的研究之外（Cohn, White 1990）[3]，关于这一主题的研究消失了，但在大约 30 年后又开始重新出现。这一领域的早期工作，构成了 20 世纪 60 年代政治社会化（political socialization）研究的一个分支。早期的研究试图调查儿童对规则和法律的看法是如何发展的。其中一项研究借鉴了科尔伯格的道德发展理论（Kohlberg's theory of moral development），研究对象包括了小学生、高中生和大学生。研究发现，人们对法律的看法有了更细微的变化，从主要的禁止性转变为规范性、强制性和有益性的混合，这反映出对遵守规则的义务有了不那么严格的理解。（Tapp and Kohlberg 1971：76-7）。经研究，这一模式在 6 个国家都是相似的。随后的分析将研究范围扩大到了成人群体，包括即将毕业的法学院毕业生、小学和高中教师以及联邦监狱囚犯等（Tapp and Levine 1974：23）。

2000 年之后，人们对法律社会化的研究兴趣在某种程度上恢复了。重新燃起兴趣的原因可能是人们对政府机构的信任度下降，由此导致了公民守法意愿的下降。由此，对强制措施（coercive measures）的利用日益依赖，这成为法律学术研究的一个焦点，从而导致对合作而非强制（co-operation rather than coercion）的法律社会化研究被忽视。程序正义研究的兴起，在一定程度上是对日益注重强制措施的回应。

2000 年后的某个时候，实证法律研究学者开始探索法律社会化如何能够并且确实产生了符合法律和社会规范（law and social norms）的行为。考虑到与程序正义的联系，近期法律社会化研究的一个方面是关注适用和执行法律的法律行动者的经验的影响，这种转向并不令人惊讶；2005 年发表的一项研究以 11 岁到 16 岁的儿童为样本，追踪了他们的健康状况，并询问他们对合法性、法律犬儒主义（legal cynicism）和道德参与（moral engagement）的看法。结果显示，犬儒主义现象增加了，但对合法性的认知下降了。在控制了年龄和其他因素后，研究发现，积极的程序正义经验增加了对合法性的认知，减少了犬儒主义现象。

在最近的研究中，一个更广泛的主题是作为法律社会化代理人（agents of legal socialization）的各种权力主体（authorities）。这些权力主体包括父母、学校和法律机构（如警察、法院和缓刑人员）（Kupchik，Curran，Fisher and Viano 2020）；神经科学领域的不断发展，已经开始为理解儿童和青少年在法学和法律制度方面的社会化提供了工具（Tyler and Trinkner 2017：110-22）。例如，神经科学有助于解释为什么许多从事违法行为的青少年在成年后会停止这种行为，该发现使人们对控制青少年行为的威慑导向方法（deterrence-oriented approaches）提出了疑问。

8.3.4.2 针对法学和法律制度的态度研究

131

有大量聚焦于法律和法律制度的公众舆论和态度的研

究成果。在第6章中，我讨论了针对法院的公众舆论研究，但这只是实证法律研究中的一小部分；关于针对警察的态度，以及这些态度如何因种族、年龄、性别以及与警察的互动而有所不同，有着广泛的研究成果（文献综述，Brown and Benedict 2002）。还有一些研究是关于对警察的态度是如何受宏观事件影响的，例如2014年密苏里州弗格森市发生的迈克尔·布朗（Michael Brown）之死事件。同样，各个国家还有大量关于刑事司法制度整体态度的研究。

在民事司法制度方面，针对法律需求（legal needs）研究询问了受访者对民事司法相关问题的看法。例如，作为哈泽尔·根恩（Genn 1999：225-41）在英国进行的"正义之路"研究的一部分，她询问了受访者是否同意以下陈述[4]：

- 法院是普通人行使权利的重要途径（73%的人同意，15%的人不同意）。
- 如果我有纠纷并起诉到了法庭，我有信心能得到公平的裁决（53%的人同意，25%的人不同意）。
- 法律制度对待富人比穷人更友好（72%的人同意，13%的人不同意）。
- 大多数法官的生活是与普通人脱节的（65%的人同意，14%的人不同意）。

还有一些研究虽然考察了公众舆论对待民事司法制度的态度，但这些研究往往不属于法律需求研究的范畴。在美国，这些研究在某种程度上经常与民事司法制度中所爆发的危机有关，比如针对所谓的诉讼爆炸（litigation explosion）的研究；还有研究表明，公众（错误地）认为现实中存在许多不严肃的诉讼（frivolous lawsuits），而律师应该对这些诉讼负责；还有公众认为，陪审团裁决的案件数量已经上升到了一个不合理的水平。

公众还被问及了他们对律师的看法，这通常是法律需求研究的一部分。经常和受访者讨论的主题包括律师费（过高）、律师的诚信（可疑）以及律师在所谓的诉讼爆炸中所扮演的角色。还有一些研究考察了特定群体（如囚犯和狱警）对于律师的态度。此外，还有关于律师亚群体（subgroups of lawyers）观点的研究。其中有一项研究不是专门针对律师的，而是针对刑事案件中被告对于刑事司法制度的看法，这项研究的标题为《你出庭时有自己的律师吗？不，我有一个公设辩护律师》（*Did You Have a Lawyer When You Went to Court? No, I Had a Public Defender*，Casper 1971）。

和公众舆论相关的最后一个研究领域，是公众对法院特定判决的反应。我在第 6 章中提到的概念是"特定支持"。在美国，有一系列关于公众对美国最高法院裁决反应的研究。其中有一类研究询问了受访者是否赞成最高法院的具体裁决。这类研究是在评估对具体裁决的赞成或反对与广泛支持之间关系的背景下进行的（Grosskopf and Mondak 1998），其中后者在第 6 章中进行过讨论。这项研究的结论是，对法院裁决的赞同或反对可能会对广泛支持产生短期

132

影响，但这种影响很快就会消失；另一类研究考察了最高法院判决对公众舆论的影响（Marshall 1988）。该研究得出了两个有趣的结果：①在一些问题上，公众舆论已经充分巩固，与这些问题相关的法院判决不会改变公众舆论；②在某些情况下，法院判决不会使意见产生净变化，但可能会导致该问题的意见格局（pattern of opinion）发生变化。一个重要的警告是，公众对最高法院裁决的认知是有限的，特别是针对少数有争议的领域，如公民权利、堕胎与同性恋权利等。

8.3.4.3 了解自己与法律以及合法权利之间的关系

如前所述，法律意识作为一个独特的概念出现于 20 世纪 80 年代。但直到 2005 年，这个词才偶尔出现在学术出版物的标题中，之后，其出现的次数越来越多。2018 年，该词出现的次数超过了 40 次（Chua and Engel 2019：343）。21 世纪初，这一概念受到了质疑，该领域一位最著名的学者认为，它正被越来越多地用作贬低其理论影响力的方式，即学者认为它的重点在于霸权（hegemony）："为何民众臣服于一套法律体系，尽管它承诺平等对待，但却系统性地再现了不平等？"（Silbey 2005：323）[5]。在法律意识理念的开创性研究中，伊威克和西尔贝（1998）进行了大约 400 次访谈，并抽取了从中挑选出来的文本，然后他们对人们与法律发生关系的三种共存图式或叙述进行了描述（schemas or narratives）。他们给这些行为贴上了标签：如"服从法律要求""利用法律为私益服务"和"反对法律"。该方法的其余工作集中在法律的压倒性存在（overwhelming presence of law）上，无论承认与否，法律都存在于一些人的生活中。这体现在一篇文章的标题中，"法律无处不在：权力、抵抗与享受福利穷人的法律意识"（The Law is All Over'：Power，Resistance and the Legal Consciousness of the Welfare Poor）（Sarat 1990）。如前所述，自 2005 年的评论出现以来，这个概念的使用范围已经被极大扩展。

　　一篇发表于 2019 年的综述（Chua and Engel 2019）认为，法律意识研究可以根据研究重点划分为三种"学派"：包括法律霸权（legal hegemony）、身份（identity）和动员（mobilization）。身份学派的研究集中于阐述个人和群体身份是如何被他们的法律意识所塑造的。例如，界定一个群体的特征因素（如残疾或者肥胖），以及与这些因素相关的法律是如何影响这个群体的身份的。动员学派的研究则集中于法律意识在社会变革斗争（struggles for social change）中的作用，以及人们如何看待法律在这种斗争中是有益的还是无益的。这方面的例子包括，人们如何在相关立法后了解探亲假和病假制度（family and medical leave）；以及正式的申诉程序是如何阻碍打击性骚扰的努力的。无论涉及哪一种学派，大量的法律意识研究目前已经在很多国家进行着。

8.4　本章结论

　　如果不存在受法律约束的人或实体，法律就毫无意义。在本章中，我简要概述了以两个法律主题为重点的实证法

134

律研究。正如讨论所示，法律塑造行为，但它塑造行为的方式各不相同。同样重要的是，法律只能在主体愿意遵守的情况下，通过威慑机制，或者通过接受法律的合法性来塑造行为。特别是在商业组织实证法律研究的讨论中，人们可以清楚地看到法律的中心作用就是塑造法律主体之间的关系，既包括正向关系，也包括负向关系。

如本章导言所述，个人和商业组织并没有穷尽法律的主体。除此之外，政府也是法律的主体之一。宪法赋予了政府以权力，也限制了政府的行为。法律塑造着政府之间的关系，比如中央政府和地方政府之间的关系，特别是在美国和德国这样的联邦制体系中。法律还通过条约和其他形式的国际法来塑造各国政府之间的关系。

法律主体还包括非政府（nongovernmental）与非商业组织（nonbusiness organizations）。这些组织的范围是巨大的：比如本地俱乐部、大小私人教育机构、宗教机构、政党以及大型国际非政府组织，如医生无国界组织（*Médecins sans Frontières*）。这样的组织之所以存在，是因为法律允许它们存在，但是法律可能会对这些组织的活动设置限制。如果将本章节的内容进一步扩展，可能会包括这些组织的类型，以及政府作为受法律约束的主体等内容。

注 释

〔1〕参见格伦（Glenn 2003）在 2001 年左右的书目文章。

〔2〕一篇 2005 年关于心理学的文献综述中，阐述了 700 多篇关于程序正义的文章（MacCoun 2005）。

〔3〕这是一项针对大学新生的研究，旨在将道德发展理论与社会学习理论进行比较。

〔4〕我将"同意"和"强烈同意"，以及"不同意"和"强烈不同意"进行了合并。

〔5〕西尔贝讨论了法律意识概念在法社会学研究和法律现实主义中的根源。

9

结论

实证法律研究距今已有 100 多年的历史。然而，直到最近它才成为社会科学学科的一个子领域，社会科学学科包括了政治学、社会学、犯罪学、经济学、心理学和人类学等。实证法律研究也同时由政府机构或代表政府机构的第三方进行，用来作为政策评估和政策规划（policy assessment or policy planning）的工具。20 世纪 20 年代与 30 年代，在这段短暂的时期内，一小群认同法律现实主义的法律学者，在少数的几个法学院（包括哈佛大学、耶鲁大学、哥伦比亚大学、俄勒冈大学）进行了实证法律研究。但随后，这类研究突然消失了，直到 20 世纪 50 年代与 60 年代才重新出现。法律与社会协会成立于 20 世纪 60 年代，该协会是世界上第一个专注于法律与跨学科研究（犯罪学除外）的学术组织，该组织于 1966 年开始出版《法律与社会评论》。该协会成立至今，发表在《法律与社会评论》上的大多数文章都是基于实证进行的研究。无论是在协会成立之初还是现在，相当比例的协会成员都来自法学院，这反映在《法律与社会评论》文章的作者身份中。一项对杂志自创办至 2000 年期间发表文章作者的学科背景分析发现，36%的作者是社会学家，23%是政治学家，19%是法学家，其他各种学科占了剩下的22%，其中比例最大的是心理学家，占了6.5%。

由法律研究机构学者（至少是在美国）发表的实证法律研究成果，在20世纪80年代与90年代开始急剧增加。有三个因素促使了这种现象的发生：一些法律经济学（law and economics）研究已经开始反映行为经济学（behavioral economics）的见解，而行为经济学则更倾向于采用实证研究（Jolls，Sunstein and Thaler 1998）；越来越多的法学院教师拥有了各种社会科学学科的高级学位；没有接受过经济学或者社会科学训练的法学学者，也开始转向从事实证研究。可以说，这一运动高潮的标志是《实证法律研习杂志》的创立，该杂志于2004年开始出版。2006年，在美国各地的法学院举办了一次实证研究年度会议（Conference on Empirical Studies）。第一届两年一次的欧洲实证法律研究会议，也于2016年在阿姆斯特丹大学举行。而且，实证法律研究的文章经常出现在美国和其他地方的传统法律期刊上［例如，在英国出版的《现代法律评论》（*Modern Law Review*）和在澳大利亚出版的各类法律期刊］。

实证法律研究可以采用定量和定性的研究方法。本书的第二部分介绍了这些方法，包括研究设计（research design）、数据收集和数据分析。该部分的目标，是使读者在阅读和理解实证法律研究类的文章、书籍和报告时，给他们提供足够的背景知识。对实证法律研究感兴趣的读者，至少应该学习并参考第二部分导言中所引用的文献，或者阅读关于社会科学研究方法的概论。即使你对以上文章已经进行了学习，我也会提醒并敦促在社会科学研究方面缺乏经验的人，你们需要与做过大量这类研究的人进行合作，不管这位合作者是否具有实证法律研究的背景。

实证法律研究涵盖了非常广泛的主题。我写第三部分的目标是让大家感受实证法律研究的广度（breadth）。我将实证法律研究主题分为三大类：法律制度、关键的法律行动者和受法律约束的主体。并不是所有的实证法律研究只可归类进这三个类别中的一个。例如，我在关于法律制度的章节中，讨论了法院合法性，我也可以把它放在受法律约束的主体这一章节中。另外一些研究可能将超出我所总结的这三个类别，比如有关法律地理学（law and geography）的研究。

在第三部分三个章节的讨论中，所涉及的具体主题是经过了我的选择的。因为篇幅的限制，有很多重要的实证法律研究没有被提及。这些内容不管在本部分中有没有被讨论过，在我与彼得·凯恩教授合编的《牛津实证法律研究手册》中都会有所涉及。《法律与社会科学年度评论》是对许多法律与社会科学主题进行综述的另一个好来源。自 2005 年以来，该杂志每年都会发表 20~30 篇综述型评论文章[1]。

注　释

〔1〕参见 www.annualreviews.org/loi/lawsocsci。

参考文献

Abel, Richard L. , Ole Hammerslev, Hilary Sommerlad, and Ulrike Schultz (eds) (2020) *Lawyers in 21st-Century Societies: National Reports*. Oxford, UK: Hart.

Abel, Richard L. and Philip S. C. Lewis (eds) (1988a) *Lawyers in Society: The Civil Law World*. Berkeley, CA: University of California Press.

Abel, Richard L. and Philip S. C. Lewis (eds) (1988b) *Lawyers in Society: The Common Law World*. Berkeley, CA: University of California Press.

Abel-Smith, Brian, Michael Zander, and Rosalind Brooke (1973) *Legal Problems and the Citizen: A Study in Three London Boroughs*. London, UK: Heinemann.

Adamany, David W. (1969) "The Party Variable in Judges' Voting: Conceptual Notes and a Case Study. " 63 *American Political Science Review* 57-73.

Almond, Gabriel A. (1988) "Separate Tables: Schools and Sects in Political Science. " 21 *PS: Political Science and Politics* 828-42.

Ashenfelter, Orley, Theodore Eisenberg, and Stewart J. Schwab (1995) "Politics and the Judiciary: The Influence of Judicial Background on Case Outcome. " 24 *Journal of Legal Studies* 257-81.

Badawi, Adam B. (2010) "Relational Governance and Contract Damages: Evidence from Franchising." 7 *Journal of Empirical Legal Studies* 743－85.

Baum, Lawrence (2011) *Specializing the Courts*. Chicago, IL: University of Chicago Press.

Blalock, Hubert M. , Jr. (1979) *Social Statistics*. New York: McGraw－Hill.

Blaustein, Albert P. and Charles O. Porter (1954) *The American Lawyer: A Summary of the Survey of the Legal Profession*. Chicago, IL: University of Chicago Press.

Brace, Paul and Kellie Sims Butler (2001) "New Perspectives for the Study of the Judiciary: The State Supreme Court Project. " 22 *Justice System Journal* 243－62.

Brick, J. Michael and Clyde Tucker (2007) "Mitofsky － Waksberg: Learning From the Past. " 71 *Public Opinion Quarterly* 703－16.

Brown, Ben and William Reed Benedict (2002) "Perceptions of the Police: Past Findings, Methodological Issues, Conceptual Issues, and Policy Implications. " 25 *Policing: An International Journal of Police Strategies & Management* 543－80.

Bühlmann, Marc and Ruth Kunz (2011) "Confidence in the Judiciary: Comparing the Independence and Legitimacy of Judicial Systems. " 34 *West European Politics* 317－45.

Campbell, C. M. and Paul Wiles (1976) "The Study of Law in Society in Britain. " 10 *Law & Society Review* 547－78.

Campbell, Donald T. and Julian C. Stanley (1966) *Experimental and Quasi－Experimental Designfor Research*. Chicago, IL: Rand McNally.

Cane, Peter and Herbert M. Kritzer (eds) (2010) *The Oxford Handbook of Empirical Legal Research*. Oxford, UK: Oxford University Press.

Cappelletti, Mauro (ed) (1979) *Access to Justice* [4 volumes]. Milan: Sijthoff and Noordhoff-Alphenaandenrijn.

Carlin, Jerome E. (1962) *Lawyers on Their Own: A Study of Individual Practitioners in Chicago*. New Brunswick, NJ: Rutgers University Press.

Carp, Robert A. (1975) "The Behavior of Grand Juries: Acquiescence or Justice?" 55 *Social Science Quarterly* 853–70.

Carp, Robert A. and C. K. Rowland (1983) *Policymaking and Politics in the Federal District Courts*. Knoxville, TN: University of Tennessee Press.

Casper, Jonathan D. (1971) " ' Did You Have a Lawyer When You Went to Court? No, I Had a Public Defender. ' " 1 *Yale Review of Law and Social Action* 4–9.

Caufield, Rachel Paine (2012) "Inside Merit Selection: A National Survey of Judicial Nominating Commissioners. " Des Moines, IA: A-merican Judicature Society [http: // judicialselection. us/uploads/doc-uments/JNC_ Survey_ ReportFINAL3_ 92E04A2 F04E65. pdf].

Cavers, David F. (1997) "To *Throw Light on Matters Which Will Be of Aid in Securing to Humanity a Greater Degree of Justice*" : *A History of the Walter E. Meyer Research Institute of Law*. Amherst, NY: Walter E. Meyer Research Institute of Law.

Chua, Lynette J. and David M. Engel (2019) "Legal Consciousness Re-considered. " 15 *Annual Review of Law and Social Science* 335–53.

Church, Thomas W. , Jr. (1985) "Examining Local Legal Culture. " 1985 *American Bar Foundation Research Journal* 449–518.

Church, Thomas W. , Jr. , Alan Carlson, Jo-Lynne Lee, and Teresa Tan (1978) "Justice Delayed: The Pace of Litigation in Urban Trial

Courts. " Williamsburg, VA: National Center for State Courts.

Cohen, Thomas H. and Steven K. Smith (2004) " Civil Trial Cases and Verdicts in Large Counties, 2001. " Washington, DC: Bureau of Justice Statistics [www. ojp. usdoj. gov/ bjs/pub/pdf/ctcvlc01. pdf].

Cohn, Ellen S. and Susan O. White (1990) *Legal Socialization: A Study of Norms and Rules*. New York: Springer-Verlag.

Conley, John M. and William M. O' Barr (1993) "Legal Anthropology Comes Home: A Brief History of the Ethnographic Study of Law. " 27 *Loyola of Los Angeles Law Review* 41-64.

Crandall, Erin and Andrea Lawlor (2017) "The Politics of Judicial Appointment: Do Party Connections Impede the Appointment of Women to Canada's Federally Appointed Courts?" 50 *Canadian Journal of Political Science* 823-47.

Cross, Frank B. (2007) *Decision Making in the U. S. Court of Appeals*. Stanford, CA: Stanford University Press.

Curran, Barbara A. (1977) *The Legal Needs of the Public: The Final Report of a National Survey*. Chicago, IL: American Bar Foundation.

Darbyshire, Penny (2011) *Sitting in Judgment: The Working Lives of Judges*. Oxford, UK: Hart Publishing.

Diamond, Shari Seidman (ed) (1979) "Special Issue: Simulation Research and the Law. " 3 *Law and Human Behavior* 1-148.

Diamond, Shari Seidman (1990) "Revising Images of Public Punitiveness: Sentencing by Lay and Professional English Magistrates. " 15 *Law & Social Inquiry* 191-221.

Diamond, Shari Seidman and Mary R. Rose (2018) " The Contemporary American Jury. " 14 *Annual Review of Law and Social Science* 239-58.

Diamond, Shari Seidman, Neil Vidmar, Mary Rose, and Leslie Ellis

(2003) "Juror Discussions during Civil Trials: Studying an Arizona Innovation." 45 *Arizona Law Review* 1–82.

Donohue, John J. and Justin Wolfers (2005) "Uses and Abuses of Empirical Evidence in the Death Penalty Debate." 58 *Stanford Law Review* 791–846.

Easton, David (1965) *A Systems Analysis of Political Life.* New York: John Wiley & Sons.

Eckhoff, Torstein (1968) "The Sociology of Law in Scandanavia," in R. Treves and J. F. G. Van Loon (eds) *Norms and Actions: National Reports on Sociology of Law.* The Hague: Martinus Nijhoff.

Eigen, Zev J. (2012) "Empirical Studies of Contract." 8*Annual Review of Law and Social Science* 291–306.

Eisenberg, Theodore, Paula Hannaford-Agor, Valerie P. Hans, Nicole L. Mott, G. Thomas Munsterman, Stewart J. Schwab, and Martin T. Wells (2005) "Judge-Jury Agreement in Criminal Cases: A Partial Replication of Kalven & Zeisel's *The American Jury.*" 2 *Journal of Empirical Legal Studies* 171–206.

Eisenberg, Theodore and Geoffrey Miller (2007) "The Flight from Arbitration: An Empirical Study of Ex Ante Arbitration Clauses in the Contracts of Publicly Held Companies." 56 *DePaul Law Review* 335–74.

Eisenstein, James, Roy B. Flemming, and Peter F. Nardulli (1988) *The Contours of Justice: Communities and Their Courts.* Boston, MA: Little Brown & Company.

Eisenstein, James and Herbert Jacob (1977) *Felony Justice: An Organizational Analysis of Criminal Courts.* Boston, MA: Little, Brown & Company.

Elkins, Zachary, Tom Ginsburg, and James Melton (2009) *The Endurance* of National Constitutions. New York: Cambridge University Press.

Ellickson, Robert C. (1991) *Order without Law: How Neighbors Settle Disputes*. Cambridge, MA: Harvard University Press.

Engel, David M. (1984) "The Oven Bird's Song: Insiders, Outsiders, and Personal Injuries in an American Community." 18 *Law & Society Review* 551–82.

Epp, Charles R. (1998) *The Rights Revolution: Lawyers, Activists, and Supreme Courts in Comparative Perspective*. Chicago, IL: University of Chicago Press.

Epstein, Lee and Gary King (2002) "The Rules of Inference." 69 *University of Chicago Law Review* 1–133.

Epstein, Lee and Jack Knight (1998) *The Choices Justices Make*. Washington, DC: CQ Press.

Epstein, Lee and Andrew D. Martin (2014) *An Introduction to Empirical Legal Research*. New York: Oxford University Press.

Ewick, Patricia and Susan S. Silbey (1998) *The Common Place of Law: Stories from Everyday Life*. Chicago, IL: University of Chicago Press.

Feeley, Malcolm M. (1983) *Court Reform on Trial: Why Simple Solutions Fail*. New York: Basic Books.

Fenn, Pazul, Neil Rickman, and Dev Vencappa (2009) "The Impact of the Woolf Reforms on Costs and Delay." Nottingham University Business School, Centre for Risk & Insurance Studies [www. nottingham. ac. uk/ business/cris/papers/2009–1. pdf].

Flood, John A. (1983) *Barristers' Clerks: The Law's Middlemen*. Manchester, UK: Manchester University Press.

Flood, John (2013) *What Do Laywers Do? An Ethnography of a Corporate Law Firm*. New Orleans, LA: Quid Pro Books.

Frendreis, John P. (1983) "Explanation of Variation and Detection of Covariation: The Purpose and Logic of Comparative Analysis. " 16 *Comparative Political Studies* 255-72.

Galanter, Marc (1974) "Why the 'Haves' Come Out Ahead: Speculations on the Limits of Legal Change. " 9 *Law & Society Review* 95-160.

Galanter, Marc (2004) "The Vanishing Trial: An Examination of Trials and Related Matters in Federal and State Courts. " 1 *Journal of Empirical Legal Studies* 459-570.

Garth, Bryant and Joyce Sterling (1998) "From Legal Realism to Law and Society: Reshaping Law for the Last Stages of the Social Activist State. " 32 *Law & Society Review* 409-71.

Gelbach, Jonah B. (2016) "Material Facts in the Debate over *Twombly* and *Iqbal.* " 68 *Stanford Law Review* 369-424.

Genn, Hazel (1988) *Hard Bargaining: Out of Court Settlement in Personal Injury Actions.* Oxford, UK: Oxford University Press.

Genn, Hazel (1999) *Paths to Justice: What People Do and Think about Going to Law.* Oxford, UK: Hart Publishing.

Genn, Hazel (2010) *Judging Civil Justice.* Cambridge: Cambridge University Press.

Giallombardo, Rose (1966) *Society of Women: A Study of a Women's Prison.* New York: John Wiley & Sons.

Gibson, James L. (2012) *Electing Judges: The Surprising Effects of Campaign on Judicial Legitimacy.* Chicago, IL: University of Chicago Press.

Gibson, James L. and Gregory A. Caldeira (1995) "The Legitimacy of the Court of Justice in the European Union: Models of Institutional Support. " 89 *American Political Science Review* 356-76.

Gibson, James L. , Gregory A. Caldeira, and Vanessa A. Baird (1998)

"On the Legitimacy of National High Courts. " 92 *American Political Science Review* 343-58.

Gibson, James L. , Gregory A. Caldeira, and Lester Kenyatta Spence (2003) "Measuring Attitudes toward the United States Supreme Court. " 47 *American Journal of Political Science* 354-67.

Gibson, James L. and Michael J. Nelson (2014) "The Legitimacy of the US Supreme Court: Conventional Wisdoms and Recent Challenges Thereto. " 10 *Annual Review of Law and Social Science* 201-19.

Gill, Jeff (1999) "The Insignificance of Null Hypothesis Significance Testing. " 52 *Political Research Quarterly* 647-74.

Glaser, Barney G. and Anselm L. Strauss (1967) *The Discovery of Grounded Theory: Strategiesfor Qualitative Research*. Chicago, IL: Aldine Publishing Company.

Glaser, William A. (1968) *Pretrial Discovery and the Adversary System*. New York: Russell Sage Foundation.

Glenn, Brian J. (2003) "The Varied and Abundant Progeny," in Herbert M. Kritzer and Susan S. Silbey (eds) *In Litigation: Do the "Haves" Still Come Out Ahead?* Stanford, CA: Stanford University Press.

Goelzhauser, Greg (2019) *Judicial Merit Selection: Institutional Design and Performance for State Courts*. Philadelphia, PA: Temple University Press.

Goldman, Sheldon (1975) "Voting Behavior on the United States Courts of Appeals Revisited. " 69 *American Political Science Review* 491-506.

Goldman, Sheldon (1997) *Picking Federal Judges: Lower Court Selection from Roosevelt through Reagan*. New Haven, CT: Yale University Press.

Greenhouse, Carol (1986) *Praying for Justice: Faith, Order, and Community in an American Town*. Ithaca, NY: Cornell University Press.

Greiner, D. James and Cassandra Wolos Pattanayak (2012) "Randomized Evaluation in Legal Assistance: What Difference Does Representation (Offer and Actual Use) Make?" 121 *Yale Law Journal* 2118–2214.

Grosskopf, Anke and Jeffery J. Mondak (1998) "Do Attitudes Toward Specific Supreme Court Decisions Matter? The Impact of *Webster* and *Texas v. Johnson* on Public Confidence in the Supreme Court. " 47 *Political Research Quarterly* 675–92.

Hagan, John (1974) "Extra–Legal Attributes and Criminal Sentencing: An Assessment of a Sociological Viewpoint. " 8 *Law & Society Review* 357–83.

Halliday, Simon and Patrick Schmidt (2009) *Conducting Law and Society Research: Reflections on Methods and Practices.* Cambridge, UK: Cambridge University Press.

Hans, Valerie P. and Neil Vidmar (1991) "*The American Jury* at Twenty–Five Years. " 16 *Law & Social Inquiry* 323–51.

Helland, Eric (2019) "The Role of Ideology in Judicial Evaluations of Experts. " 62 *Journal of Law and Economics* 579–611.

Hendley, Kathryn (2011) "Resolving Problems among Neighbors in Post–Soviet Russia: Uncovering the Norms of the Pod" 36 *Law & Social Inquiry* 388–418.

Hendley, Kathryn, Peter Murrell, and Randi Ryterman (1999) "Do Repeat Players Behave Differently in Russia? Contractual and Litigation Behavior of Russian Enterprises. " 33 *Law & Society Review* 833–67.

Hensler, Deborah R. (1987) "Surveying the Litigation Landscape: The Civil Litigation Research Project. " 51 *Public Opinion Quarterly* 571–8.

Hensler, Deborah R. , Christopher Hodges, and Magdalena Tulibacka (2009) "The Globalization of Class Actions. " 622 *The Annals* [entire issue].

Hilbink, Lisa, Valentina Salas, Janic K. Gallagher, and Juliana Restrepo-Sanin (forthcoming) "Why People Turn to Institutions They Detest: Institutional Mistrust and Justice System Engagement in Latin American Democracies."

Hogarth, John (1971) *Sentencing as a Human Process*. Toronto, Canada: University of Toronto Press.

Holm, Gunilla (2014) "Photography as a Research Method," in Patricia Leavy (ed) *Oxford Handbook of Qualitative Research*. New York: Oxford University Press.

Jolls, Christine, Cass R. Sunstein, and Richard Thaler (1998) "A Behavioral Approach to Law and Economics." 50 *Stanford Law Review* 1471-1550.

Jung, Courtney, Ran Hirschl, and Evan Rosevear (2014) "Economic and Social Rights in National Constitutions." 62 *American Journal of Comparative Law* 1043-1093.

Kagan, Robert A., Bliss Cartwright, Lawrence M. Friedman, and Stanton Wheeler (1978) "The Evolution of State Supreme Courts." 76 *Michigan Law Review* 961-1005.

Kalven, Harry and Hans Zeisel (1971) *The American Jury*. Chicago, IL: University of Chicago Press.

Kawashima, Takeyoshi (1968) "The Sociology of Law in Japan," in R. Treves and J. F. G. Van Loon (eds) *Norms and Actions: National Reports on Sociology of Law*. The Hague, The Netherlands: Martinus Nijhoff.

Kenney, Sally J. (1998) "The Members of the Court of Justice of the European Communities." 5 *Columbia Journal of European Law* 101-34.

King, Gary (1989) *Unifying Political Methodology: The Likelihood Theory of Statistical Inference.* New York: Cambridge University Press.

King, Gary, Robert O. Keohane, and Sidney Verba (1994) *Designing Social Inquiry: Scientific Inference in Qualitative Research.* Princeton, NJ: Princeton University Press.

Kirk, Jerome and Marc L. Miller (1986) *Reliability and Validity in Qualitative Research.* Beverly Hills, CA: Sage Publications.

Kish, Leslie (1965) *Survey Sampling.* New York: John Wiley & Sons.

Klein, David E. (2002) *Making Law in the United States Courts of Appeals.* New York: Cambridge University Press.

Kritzer, Herbert M. (1984a) "The Dimensions of Lawyer–Client Relations: Notes toward a Theory and a Field Study." 1984 *American Bar Foundation Research Journal* 409–28.

Kritzer, Herbert M. (1984b) "Fee Arrangements and Fee Shifting: Lessons from the Experience in Ontario." 47 *Law and Contemporary Problems* 125–38.

Kritzer, Herbert M. (1990) *The Justice Broker: Lawyers and Ordinary Litigation.* New York: Oxford University Press.

Kritzer, Herbert M. (1996) "The Data Puzzle: The Nature of Interpretation in Quantitative Research." 40 *American Journal of Political Science* 1–32.

Kritzer, Herbert M. (2001) "Into the Electoral Waters: The Impact of *Bush v. Gore* on Public Perceptions and Knowledge of the Supreme Court." 85 *Judicature* 32–8.

Kritzer, Herbert M. (2002) "Stories from the Field: Collecting Data Outside over There," in June Starr and Mark Goodale (eds) *Practicing Ethnography in Law: New Dialogues, Enduring Practices.* New York: Palgrave/St. Martins.

Kritzer, Herbert M. （2003） "The Government Gorilla: Why Does Government Come Out Ahead in Appellate Courts?" in Herbert M. Kritzer and Susan S. Silbey （eds） *In Litigation: Do the "Haves" Still Come Out Ahead?* Stanford, CA: Stanford University Press.

Kritzer, Herbert M. （2004a） "Disappearing Trials? A Comparative Perspective." 1 *Journal of Empirical Legal Studies* 735-54.

Kritzer, Herbert M. （2004b） *Risks, Reputations, and Rewards: Contingency Fee Legal Practice in the United States.* Stanford, CA: Stanford University Press.

Kritzer, Herbert M. （2006） "The Commodification of Insurance Defense Practice." 59 *Vanderbilt Law Review* 2053-94.

Kritzer, Herbert M. （2008） "Daubert in the Law Office: Routinizing Procedural Change." 5 *Journal of Empirical Legal Studies* 109-42.

Kritzer, Herbert M. （2010） "The （Nearly） Forgotten Early Empirical Research," in Peter Cane and Herbert M. Kritzer （eds） *Oxford Handbook of Empirical Legal Research.* Oxford, UK: Oxford University Press.

Kritzer, Herbert M. （2015） *Justices on the Ballot: Continuity and Change in State Supreme Court Elections.* New York: Cambridge University Press.

Kritzer, Herbert M. （2016a） "Impact of Judicial Elections on Judicial Decisions." 12 *Annual Review of Law and Social Science* 353-71.

Kritzer, Herbert M. （2016b） "Roll-Off in State Court Elections: The Impact of the Straight-Ticket Voting Option." 4 *Journal of Law and Courts* 409-35.

Kritzer, Herbert M. （2019） "Polarized Justice? Changing Patterns of Decision-Making in the Federal Courts." 28 *Kansas Journal of Law & Public Policy* 309-94.

Kritzer, Herbert M. and Jill K. Anderson (1983) "The Arbitration Alterna-
tive: A Comparative Analysis of Case Processing Time, Disposition
Mode, and Cost in the American Arbitration Association and the Courts."
8 *Justice System Journal* 6-19.

Kritzer, Herbert M., Joel B. Grossman, Elizabeth McNichol, David
M. Trubek, and Austin Sarat (1984) "Courts and Litigation Investment:
Why Do Lawyers Spend More Time in Federal Cases?" 9 *Justice System
Journal* 7-22.

Kupchik, Aaron, F. Chris Curran, Benjamin W. Fisher, and Samantha
L. Viano (2020) "Police Ambassadors: Student-Police Interactions in
School and Legal Socialization." 54 *Law & Society Review* 391-422.

Kurkchiyan, Marina (2011) "Perceptions of Law and Social Order: A
Cross-National Comparison of Collective Legal Consciousness." 29 *Wis-
consin International Law Journal* 366-92.

Kutnjak Ivković, Sanja (2015) "Ears of the Deaf: The Theory and Reality
of Lay Judges in Mixed Tribunals." 90 *Chicago-Kent Law Review* 1031-
1067.

Kutnjak Ivković, Sanja, Shari Seidman Diamond, Valerie P. Hans, and
Nancy S. Marder (eds) (2020) *Juries, Lay Judges, and Mixed Courts:
A Global Perspective*. Cambridge, UK: Cambridge University Press.

Kutnjak Ivković, Sanja and Valerie P. Hans (2020) "A Worldwide Per-
spective on Lay Participation," in Sanja Kutnjak Ivković, Shari
Seidman Diamond, Valerie P. Hans, and Nancy S. Marder (eds) *Juries,
Lay Judges, and Mixed Courts: A Global Perspective*. Cambridge, UK:
Cambridge University Press.

Langton, Lynn and Thomas H. Cohen (2008) "Civil Bench and Jury Trials
in State Courts, 2005." Washington, DC: U. S. Department of Justice,

Bureau of Justice Statistics〔http：//bjs. ojp. usdoj. gov/content/pub/pdf/tbjtsc05. pdf〕.

Laski, Harold J. (1926) "The Technique of Judicial Appontment." 24 *Michigan Law Review* 529–43.

Lawless, Robert M. , Jennifer K. Robbenolt, and Thomas Ulen (2016) *Empirical Methods in Law*. New York：Wolters Kluwer.

Levin, Martin A. (1977) *Urban Politics and the Criminal Courts*. Chicago, IL：University of Chicago Press.

Llewellyn, Karl N. and E. Adamson Hoebel (1941) *The Cheyenne Way：Conflict and Case Law in Primitive Jurisprudence*. Normal, OK：University of Oklahoma Press.

Macaulay, Stewart (1963) "Non – Contractual Relations in Business：A Preliminary Study." 28 *American Sociological Review* 55–67.

Macaulay, Stewart (1966) *Law and the Balance of Power：The Automobile Manufacturers and Their Dealers*. New York：Russell Sage Foundation.

MacCoun, Robert J. (2005) "Voice, Control, and Belonging：The Double-Edged Sword of Procedural Fairness." 1 *Annual Review of Law and Social Science* 171–201.

Mackenzie, Ruth, Kate Malleson, Penny Martin, and Philippe Sands (2010) *Selecting International Judges：Principle, Process, and Politics*. Oxford, UK：Oxford University Press.

Malleson, Kate and Peter Russell (eds) (2006) *Appointing Judges in the Age of Judicial Power：Critical Perspectives*. Toronto, Canada：University of Toronto Press.

Marlowe, Douglas B. (2011) "The Verdict on Drug Courts and Other Prob-lem-Solving Courts." 2 *Chapman Journal of Criminal Justice* 53–92.

Marshall, Thomas R. (1988) *Public Opinion and the Supreme Court*.

Winchester, MA: Unwin.

McCann, Michael and William Haltom (2008) "Ordinary Heroes vs. Failed Lawyers: Public Interest Litigation in *Erin Brockovich* and Other Contemporary Films." 33 *Law & Social Inquiry* 1043-1070.

McGregor, O. R. (1957) *Divorce in England: A Centenary Study*. London, UK: William Heinemann.

McGuire, Kevin (1993) *The Supreme Court Bar: Legal Elites in the Washington Community*. Charlottesville, VA: University of Virginia Press.

McIntosh, Wayne V. (1980-81) "150 Years of Litigation and Dispute Settlement: A Court Tale." 15 *Law & Society Review* 823-48.

Miller, Richard E. and Austin Sarat (1980-81) "Grievances, Claims, and Disputes: Assessing the Adversary Culture." 15 *Law & Society Review* 525-65.

Moley, Raymond (1928) "The Vanishing Jury." 2 *Southern California Law Review* 97-127.

Monroe, Kristen Renwick (ed) (2006) *Perestroika! The Raucous Rebellion in Political Science*. New Haven, CT: Yale University Press.

Mooney, Christopher Z. and Robert D. Duval (1993) *Bootstrapping: A Nonparametric Approach to Statistical Inference*. Newbury Park, CA: Sage Publications.

Moorhead, Richard and Mark Sefton (2005) "Litigants in Person: Unrepresented Litigants in First Instance Proceedings." London, UK: Department of Constitutional Affairs [https://orca.cf.ac.uk/2956/1/1221.pdf].

Murayama, Masayuki (2007) "Experiencesof Problems and Disputing Behaviour in Japan." 14 *Meiji Law Journal* 1-59.

Nardulli, Peter F. (1978) *The Courtroom Elite: An Organizational Per-*

spective on Criminal Justice. Cambridge, MA: Ballinger Publishing Co.

OECD/Open Society Foundations (2019) *Legal Needs Surveys and Access to Justice*. Paris, France: OECD Publishing.

Pacelle, Richard L. (1991) *The Transformation of the Supreme Court's A-genda: From the New Deal to the Reagan Administration*. Boulder, CO: Westview Press. Paterson, Alan (1982) *The Law Lords*. London, UK: Macmillan.

Paterson, Alan (2013) *Final Judgment: The Last Law Lords and the Supreme Court*. Oxford, UK: Hart Publishing.

Perry, H. W. (1991) *Deciding to Decide: Agenda Setting in the United States Supreme Court*. Cambridge, MA: Harvard University Press.

Peterson, Ruth D. and John Hagan (1984) "Changing Conceptions of Race: Towards an Account of Anomalous Findings of Sentencing Research." 49 *American Sociological Review* 56–70.

Pollack, Mark A. (2018) "The Legitimacy of the European Court of Justice," in Nienke Grossman, Harlan Cohen, Andreas Follesdal, and Geir Ulfstein (eds) *Legitimacy and International Courts*. New York: Cambridge University Press.

Pound, Roscoe (1906) "The Causes of Popular Dissatisfaction with the Administration of Justice." 29 *Annual Report of the American Bar Association* 395–417.

Pritchett, C. Herman (1941) "Divisions of Opinion among Justices of the U. S. Supreme Court, 1939 – 1941. " 35 *American Political Science Review* 890–98.

Pritchett, Charles Herman (1948) *The Roosevelt Court: A Study in Judicial Politics and Values, 1937–1947*. New York: Macmillan.

Rabin, Robert L. (1992) "A Sociolegal History of the Tobacco Tort Litigation. " 44 *Stanford Law Review* 853-78.

Randazzo, Kirk A. , Richard W. Waterman, and Jeffrey A. Fine (2006) "Checking the Federal Courts: The Impact of Congressional Statutes on Judicial Behavior. " 68 *Journal of Politics* 1006-1017.

Richards, Mark J. and Herbert M. Kritzer (2002) "Jurisprudential Regimes in Supreme Court Decision Making. " 96 *American Political Science Review* 305-20.

Ríos-Figueroa, Julio (2011) "Institutions for Constitutional Justice in Latin America," in Gretchen Helmke and Julio Ríos-Figueroa (eds) *Courts in Latin America*. New York: Cambridge University Press.

Rock, Paul (1993) *The Social World of an English Crown Court: Witness and Professionals in the Crown Court Centre at Wood Green*. Oxford, UK: Clarendon Press.

Rosenberg, Maurice (1964) *The Pretrial Conference and Effective Justice*. New York: Columbia University Press.

Rubinstein, Jonathan (1973) *City Police*. New York: Ballantine Books.

Ryan, John Paul, Allan Ashman, Bruce D. Sales, and Sandra Shane-Dubow (1980) *American Trial Judges: Their Work Styles and Performance*. New York: Free Press.

Sander, Frank E. A. (1976) "Varieties of Dispute Processing. " 70 *Federal Rules Decisions* 111-34.

Sarat, Austin (1990) " '... The Law Is All Over': Power, Resistance and the Legal Consciousness of the Welfare Poor. " 2 *Yale Journal of Law & the Humanities* 343-79.

Sarat, Austin, Madeline Chan, Maia Cole, Melissa Lang, Nicholas Schcolnik, Jasjaap Sidhu, and Nica Siegel (2014) "Scenes of Execution: Spectatorship, Political Responsibility, and State Killing in American Film. "

39 *Law & Social Inquiry* 690-719.

Sarat, Austin and William L. F. Felstiner (1989) "Lawyers and Legal Consciousness: Law Talk in the Divorce Lawyer's Office. " 98 *Yale Law Journal* 1663-88.

Sarteschi, Christine M. , Michael G. Vaughn, and Kevin Kim (2011) "Assessing the Effectiveness of Mental Health Courts: A Quantitative Review. " 39 *Journal of Criminal Justice* 12-20.

Scherer, Nancy (2005) *Scoring Points: Politicians, Activists, and the Lower Federal Court Appointment Process.* Stanford, CA: Stanford University Press.

Schubert, Glendon A. and David J. Danelski (eds) (1969) *Comparative Judicial Behavior: Cross-cultural Studies of Political Decision-making In the East and West.* New York: Oxford University Press.

Schultz, Urike and Gisela Shaw (eds) (2012) *Women in the Judiciary.* New York: Routledge.

Segal, Jeffrey A. (1997) "Separation-of-Powers Games in the Positive Theory of Congress and Courts. " 91 *American Political Science Review* 28-44.

Segal, Jeffrey A. and Albert D. Cover (1989) "Ideological Values and the Votes of U. S. Supreme Court Justices. " 83 *American Political Science Review* 557-66.

Segal, Jeffrey A. and Harold J. Spaeth (1993) *The Supreme Court and the Attitudinal Model.* New York: Cambridge University Press.

Segal, Jeffrey A. and Harold J. Spaeth (2002) *The Supreme Court and the Attitudinal Model Revisited.* New York: Cambridge University Press.

Shepherd, Joanna M. (2013) "An Empirical Analysis of Tort Reform's Impact on Businesses, Employment, and Production. " 66 *Vanderbilt*

Law Review 255-322.

Silbey, Susan S. (2005) "After Legal Consciousness." 1 *Annual Review of Law and Social Science* 323-68.

Slotnick, Elliot E. and Jennifer A. Segal (1998) *Television News and the Supreme Court: All the News that's Fit to Air?* New York: Cambridge University Press.

Smigel, Erwin O. (1964) *The Wall Street Lawyer: Professional Organization Man?* Bloomington, IN: Indiana University Press.

Songer, Donald R., Reginald S. Sheehan, and Susan B. Haire (2000) *Continuity and Change on the United States Courts of Appeals.* Ann Arbor, MI: University of Michigan Press.

Spradley, James P. (1979) *The Ethnographic Interview.* New York: Holt, Rinehart and Winston.

Steffensmeier, Darrell and Stephen Demuth (2001) "Ethnicity and Judges'sentencing Decisions: Hispanic-Black-White Comparisons." 39 *Criminology* 145-78.

Stone Sweet, Alec (2000) *Governing with Judges.* Oxford, UK: Oxford University Press.

Strand, Julia (2020) "Scientists Make Mistakes. I Made a BigOne." [https://elemental.medium.com/when-science-needs-self-correcting-a130eacb4235].

Strauss, Anselm L. (1987) *Qualitative Analysisfor Social Scientists.* New York: Cambridge University Press.

Sykes, Gresham M. (1958) *The Society of Captives.* Princeton, NJ: Princeton University Press.

Tapp, June L. and Lawrence Kohlberg (1971) "Developing Senses of Law and Legal Justice." 27 *Journal of Social Issues* 65-91.

Tapp, June L. and Felice J. Levine (1974) "Legal Socialization: Strategies for an Ethical Legality." 27 *Stanford Law Review* 1–72.

Tate, C. Neal and Torbjörn Vallinder (eds) (1995) *The Global Expansion of Judicial Power*. New York: New York University Press.

Thibaut, John and Laurens Walker (1975) *Procedural Justice: A Psychological Analysis*. Hillsdale, NJ: Lawrence Erlbaum Associates, Inc.

Tiede, Lydia Brashear (2020) "Mixed Judicial Selection and Constitutional Review." 53 *Comparative Political Studies* 1092–1123.

Treves, R. and J. F. Glastra Van Loon (eds) (1968) *Norms and Actions: National Reports on Sociology of Law*. The Hague: Martinus Nijhoff.

Trinkner, Rick and Tom R. Tyler (2016) "Legal Socialization: Coercion versus Consent in an Era of Mistrust." 12 *Annual Review of Law and Social Science* 417–39.

Tyler, Thomas R. (1990) *Why People Obey the Law*. New Haven: Yale University Press.

Tyler, Tom R. (1997) "Procedural Fairness and Compliance with the Law." 133 *Swiss Journal of Economics and Statistics* 219–40.

Tyler, TomR. and Rick Trinkner (2017) *Why Children Follow Rules: Legal Socialization and the Development of Legitimacy*. New York: Oxford University Press.

van Boom, Willem H., Pieter Desmet, and Peter Mascini (eds) (2018) *Empirical Legal Research in Action: Reflections on Methods and Their Applications*. Cheltenham, UK: Edward Elgar Publishing.

van den Bos, Kees (2020) *Empirical Legal Research: A Primer*. Cheltenham, UK: Edward Elgar Publishing.

Vidmar, Neil (2010) "Lay Decision–Makers in the Legal Process," in P. Cane and H. M. Kritzer (eds) *Oxford Handbook of Empirical Legal*

Research. Oxford, UK: Oxford University Press.

Vidmar, Neil and Valerie P. Hans (2007) *American Juries: The Verdict*. Amherst, NY: Prometheus Books.

Vines, Kenneth N. (1964) "Federal District Judges and Race Relations Cases in the South." 26 *Journal of Politics* 337-57.

Voeten, Erik (2013) "Public Opinion and the Legitimacy of International Courts." 14 *Theoretical Inquiries in Law*. Online.

Waksberg, Joseph (1978) "Sampling Methods for Random Digit Dialing." 73 *Journal of the American Statistical Association* 40-46.

Walker, Lee Demetrius (2016) "A Multi-Level Explanation of Mass Support for the Judiciary." 37 *Justice System Journal* 194-210.

Walker, Samuel (1992) "Origins of the Contemporary Criminal Justice Paradigm: The American Bar Foundation Survey, 1953 - 1969." 9 *Justice Quarterly* 47-76.

Wilkinson-Ryan, Tess (2010) "Do Liquidated Damages Encourage Breach? A Psychological Experiment." 108 *Michigan Law Review* 633-71.

Wright, Erik Olin (1973) *The Politics of Punishment: A Critical Analysis of Prisons in America*. New York: Harper Colophon.

Yin, Robert K. (1994) *Case Study Research: Design and Methods*. Thousand Oaks, CA: Sage Publications.

Young, Alison (2014) "From Object to Encounter: Aesthetic Politics and Visual Criminology." 18 *Theoretical Criminology* 159-75.

Zeisel, Hans, Harry Kalven Jr. , and Bernard Buchholz (1959) *Delay in the Court*. Boston, MA: Little, Brown.

索 引

（页码为本书边码）

A

E

I

international courts, 国际法院, 88, 91, 106-7

Interuniversity Consortium for Political Research, 校际政治研究联盟, 19

interval estimates, 估计区间, 50, 52-3, 57-8

interval variables, 区间变量, 54-5

Interviews, 访谈, 3, 30-31, 42-4

J

Jackson, Robert, 杰克逊，罗伯特, 9

Japan, 日本

　Association for the Sociology of Law, 法社会学协会, 12

　bengoshi (lawyers), "辩护士"（律师）, 78, 111

　judicial appointments and elections, 司法任命和选举, 83

John Hopkins University Institute of Law, 约翰·霍普金斯大学法律研究所, 7, 8, 11

journals on ELR, 有关实证法律研究的期刊, 16, 19, 20-21, 22, 78, 135-6

judgments, datasets of, 判决，数据集, 39, 109-10

judicial decision-making, 司法决策, 77, 100-101

　judicial selection/retention system, impact of, 司法遴选/留任制度，影响, 84-5, 108

　jury decisions compared, 陪审团裁决的比较, 95

　mixed panels, 混合合议庭, 95

　non-US studies, 美国之外的研究, 105-7

　sentencing decisions, 量刑决定, 68, 69, 83-4, 85, 100,

K

N

New Zealand, accident compensation, 新西兰，事故赔偿，127

news reports, 新闻报道，39

Nie, Norman, 聂，诺曼，17

nominal variables, 名义变量，54

nongovernmental organizations, 非政府组织，134

nonparticipating observation studies, 非参与性观察研究，45-6

nonrandom samples, 非随机样本，53

null hypothesis significance testing, 零假设显著性检验，53-4

　　Type I and Type II errors, 第一类和第二类错误，31-2

O

observational studies, 观察性研究，30，42，45-6

Ohio, 俄亥俄州 7，8，9-10

ordinal variables, 有序变量，54

Oregon, grand juries in, 俄勒冈，大陪审团，7

outcomes of litigation *see* litigation outcomes, 诉讼结果，参见

　　litigation outcomes

P

participant observation, 参与观察，45-46

participating observation studies, 参与性观察研究，45

party capability hypothesis, 当事人能力假设，116

patent litigation and applications, 专利诉讼和申请，120-21

Paterson, Alan, 帕特森，艾伦，80，105-6

Q

S

V

译后记

十月怀胎，一朝分娩。《实证法律研究高级导论》一书从酝酿翻译到书稿完成正好是十个月，译著杀青之时，我感慨颇多。

翻译是一项系统工程，不经历者无法体味其中的艰难，而要达到"信、达、雅"三标准，更加难上加难。虽然与达至完美的翻译标准有一定距离，但我还是希望将原著的本来面貌尽最大努力还原于中国读者面前，使读者能够理解并掌握书中提及的学术专业术语和学理思维。

翻译该书，还要从我结识书的作者克里泽教授说起。我在湖南大学法学院攻读法学博士、师从屈茂辉教授，恩师是将数量研究范式引入并推广至我国法学界的开拓者。从 21 世纪初期，他就开始从跨学科的视野，开创了我国的数量法学领域。目前，该领域在我国的学术影响力逐年增大，他领衔创办的数理-计量法学论坛至今已走过了八个春秋。为了进一步扩大数量法学的影响力，我着手广泛搜集世界范围内的前沿文献，最终将视点聚焦在了《实证法律研究高级导论》这本书上。克里泽教授是美国《实证法律研习杂志》的副主编，并担任《法律与社会评论》的编辑，众所周知，这两本期刊是在世界范围内广泛发表数量法学期刊论文的权威杂志。与此同时，克里泽教授深厚的实证研究功底和研究成果，使他在美国法学界获得了相当的影响力，他是美国明尼苏达大学荣誉教授，并担任马文·J.索诺斯基法律和公共政策讲席教授。克里泽教授将实证法律研究的学术发展史、实证法律研究的研究方法论通过严谨而细致的阐释，呈现在读者面前。其中的大部分内容，对我国数量法学界学者以及实证法律研究学者了解世界最前沿的研究方法，具有重大的学术参考价值。我了解并熟悉情况后，与屈茂辉教授交流了本书的基本情况，我们当时一拍即合，我随即展开了翻译书稿、联系出版的相关事宜。

实证研究方法作为法学方法论的重要类型，它可与多个法学部门进行结合，因此在翻译过程中需要对多个部门法的术语加以分析并把握。翻译时，我对于原作中学术术语的理解，认真仔细地进行了斟酌，甄选以下几例进行说明：①Empirical Legal Research。国内法学界常译为"法律实证研究"，这是将"Empirical""Legal"进行了译法的倒置，另外有译者，如康奈尔大学法学院张永健教授将其译为"实证法研"。我将其翻译为"实证法律研究"，原因有两点：第一，从该术语的词序来看，本身就是"实证的"在"法律的"之前，从这个角度看，没有相应的依据来将他们进行翻译上词序的调换；第二，从法律研究方法的角度来看，"实证"的"法律研究"即从实证视野来进行法律研究，除此之外，还有用思辨方法、比较方法等从事法律研究。因此，译者将该英文术语译为"实证法律研究"。②5.1小节中的统计术语。同一个英文统计术语可能对应多个中文涵义，为避免产生歧义，译者采用直译与意译相结合的译法来处理这些术语，并尽量将原作中所列的英文术语以括号形式附加在中文统计术语旁，以最大程度还原作者表达的涵义。③多义/双关语/俚语翻译。对于这类型的词汇（组），译者更多地采用意译的方法。例如，8.1小节中的词汇"Haves"，原意为"有钱人"。经过译著对该章节上下文进行分析后，"资源丰富的人"更加符合其内涵，而且，该资源尤其应特指与诉讼相关的资源。与此类似的多义/双关语/俚语翻译还有多处，因篇幅限制，此处不再赘述。

我在攻读博士、公派美国和本书出版过程中，得到了不少学界前辈及友人的无私帮助与关怀，在此一并表达由衷谢意。首先，特别感谢我的导师屈茂辉教授与联合培养导师克里泽教授，他们的为人之道、处世之方、学术引导、生活关怀令我铭感五衷。其次，要感谢美国康奈尔大学瓦莱丽·汉斯教授、张永健教授，英国伦敦大学学院哈泽尔·根恩教授为本译著作推荐语。同时要致谢明尼苏达大学罗伯特·斯坦恩（Robert Stein）教授、保罗·瓦莱尔（Paul Vaaler）教授，中南大学毛俊响教授、许中缘教授、彭中礼教授，湖南大学黎四奇教授、喻玲教授、王文胜教授、李小明教授、蒋海松副教授，他们先后以不同方式对我给予了巨大的学术帮助。还要特别感谢中国政法大学出版社冯琰女士，她在本书的编辑、校对和出版过程中付出了巨大努力，冯编辑的敬业态度、学识涵养一直让我感动。最后，要感谢我的家人，是你们给了我源源不断的动力，让我在学术之路上扎实前行，衷心地感谢你们！

此外，还要特别说明的是，原书作者克里泽教授不仅在实证法律研究方面拥有宽广的知识背景，同时，他还精通政治学、社会学等社会科学学科的知识。因此，在翻译过程中难免会出现因译者知识面的缺乏而导致的错译、漏译等情况的出现，因此译著肯定存在不当之处，还请广大读者批评指正。

谢　欣
于美国明尼苏达大学法学院
2023 年春分